La république et sa diversité

Dans la même collection

**Patrick Weil**

# La république
# et sa diversité

Immigration, intégration, discriminations

Collection dirigée par
Pierre Rosanvallon
et Thierry Pech

ISBN 2-02-069377-1
© Éditions du Seuil et La République des Idées, avril 2005

Le Code de la propriété intellectuelle interdit les copies ou reproductions destinées à une uti-
lisation collective. Toute représentation ou reproduction intégrale ou partielle faite par
quelque procédé que ce soit, sans le consentement de l'auteur ou de ses ayants cause, est illi-
cite et constitue une contrefaçon sanctionnée par les articles L. 335-2 et suivants du Code de
la propriété intellectuelle.

www.seuil.com
www.repid.com

DÉBAT
D'IDÉES

*Ce livre reprend en grande partie les interventions de Patrick Weil dans le cadre du cycle de conférences «Grand Angle», organisé par le* Mécénat Altadis *et* La République des Idées *en octobre 2004.*

*Ce cycle convie chaque année une personnalité à développer pendant plusieurs jours une réflexion critique sur une question d'actualité avec la seule contrainte d'ouvrir de nouvelles perspectives pour mieux mesurer les enjeux et les profondes mutations du monde contemporain.*

*Enrichir le débat d'idées, notamment en lui donnant une dimension internationale: telle est la démarche des initiateurs du cycle «Grand Angle». Pour mieux comprendre le monde dans lequel nous vivons, et ses évolutions.*

# Introduction

« Une des choses que l'on doit remarquer en France,
c'est l'extrême facilité avec laquelle elle s'est toujours
remise de ses pertes, de ses maladies, de ses dépopu-
lations, et avec quelles ressources elle a toujours soutenu ou même surmonté les vices intérieurs de ses
divers gouvernements. Peut-être en doit-elle la cause
à sa diversité même, qui a fait que le mal n'a jamais
pu prendre assez de racines pour lui enlever entière-
ment le fruit de ses avantages naturels. »

Montesquieu

Les politiques d'immigration, d'intégration et de lutte
contre les discriminations réveillent toujours de fortes passions.
Elles touchent les citoyens au cœur de leurs valeurs les plus fortes
et les plus contradictoires (l'identité nationale et le respect des
droits de l'homme, par exemple). Elles provoquent les prises de
position les plus tranchées : à ceux qui rejettent catégoriquement
les immigrés venus du Maghreb ou d'Afrique, en entretenant un
préjugé raciste d'inassimilabilité, s'opposent ceux qui dénoncent
tout aussi catégoriquement les logiques de l'État nation et de sa
souveraineté, ou dénoncent sans nuances son histoire (coloniale et
esclavagiste) et ses traditions (occidentales ou laïques).

Ces derniers ont une influence certaine sur les débats : mais
si leurs thèses – l'ouverture des frontières, la citoyenneté de résidence, la reconnaissance des minorités ou le multiculturalisme –

dominent bien souvent les discussions, ce sont souvent les thèses opposées – le renvoi vers le pays d'origine, la suppression du droit du sol, l'immigration zéro – qui ont, depuis 30 ans, animé et orienté les politiques.

Faut-il en conclure que la France serait irrémédiablement vouée à la méfiance et au repli sur soi, voire à la fermeture? Certainement pas. En réalité, la République française est paradoxale. Elle a placé depuis la Révolution l'égalité des droits au cœur de ses valeurs. Elle a, depuis plus d'un siècle, une expérience de l'immigration unique en Europe. Et pourtant, confrontée à la diversité culturelle, elle tend d'abord à oublier, voire à violer ses propres principes, avant de céder à leur application dans les plus mauvaises conditions.

C'est ce double mouvement de refus et d'acceptation qui caractérise notre histoire récente. Ainsi quand les gouvernements successifs furent confrontés, à partir de 1974, à la perspective d'une installation durable sur le territoire métropolitain d'une immigration venue d'Asie mais surtout d'Afrique, leur premier réflexe fut d'oublier l'égalité et les leçons de l'expérience au point de vouloir organiser le rapatriement forcé de ces immigrés. Quand leur droit de rester sur le territoire fut acquis en 1984, on tenta d'empêcher leurs enfants de devenir français dans les mêmes conditions que les enfants des immigrés d'hier, avant de rétablir presque à l'identique les règles d'antan. Et quand, devenus finalement pleinement citoyens, il est apparu qu'ils souffraient de nombreuses discriminations, il a fallu des années d'indifférence avant que ne s'impose l'évidence : la France n'a pas suffisamment agi contre les discriminations ethniques, religieuses ou territoriales dont souvent les enfants des immigrants sont les victimes, même s'ils n'en sont pas les *seules* victimes.

Le solde de tout cela, ce sont bien sûr des droits consolidés et une législation, au bout du compte, plutôt accueillante et ouverte. Mais ce sont aussi, pour les uns, la frustration accumulée, le ressentiment creusé et la relégation subie, et, pour tous, le sentiment d'incohérence des politiques d'immigration, d'intégration et de lutte contre les discriminations. Les questions successivement mises en débat ont certes fini par trouver leurs réponses, mais les errements du parcours les ont pour ainsi dire dépréciées.

À défaut de pouvoir réécrire cette histoire, on pourrait imaginer qu'elle serve de leçon. Après tout, les affrontements puis les compromis d'hier éclairent les enjeux d'aujourd'hui et permettent de décrypter les discours des hommes politiques et de juger leurs propositions. Malheureusement, les polémiques et le poids des passions continuent à camoufler ces acquis ou à les rendre obscurs.

Ainsi, l'immigration est redevenue un enjeu du futur. L'action de la France en la matière, comme celle de ses voisins, s'inscrit désormais dans un cadre européen et un espace commun. Ce cadre est flexible et laisse leur place aux particularités nationales. Or, au regard de ses principaux voisins (Allemagne, Espagne, Italie, Royaume-Uni), la particularité française est de se montrer, encore une fois, la plus fermée, la plus réservée à l'égard de l'immigration venue directement pour travailler (d'ailleurs souvent dans des métiers qualifiés). Les débats français semblent otages des thèmes du passé : remplacer une immigration « subie » (familles et réfugiés) par une immigration « choisie » (de travailleurs), la sélectionner et la contrôler avec des instruments rigides et inadaptés (des quotas par exemple). Ceci, alors même que l'avenir appelle une régulation des migrations, respectueuse des droits fondamentaux (asile et vie familiale), traitant les étrangers sans tenir compte de leur origine, et adaptée à des phénomènes qu'on peine à prendre en compte : les *migrations de circulation*, faites d'allers-retours réguliers, qui peuvent concerner des travailleurs qualifiés comme des travailleurs saisonniers. Ces derniers viendront s'ajouter à l'immigration sédentarisée que nous connaissons déjà. Au-delà de la diversité des origines, c'est donc la diversité des parcours qu'il va falloir apprendre à gérer.

Le champ de l'intégration offre, à son tour, un tableau paradoxal. Pour la première fois depuis plus d'un siècle, des populations immigrées doivent, pour s'intégrer, non seulement faire l'apprentissage de la société française, mais également affronter un chômage structurel et persistant qui les touche particulièrement. En outre, leurs conditions de logement ajoutent à l'exclusion sociale une relégation spatiale que les pouvoirs publics ont contribué à organiser puis dont ils ont tardé à prendre conscience. Certes, l'école et la protection sociale sont présentes, le droit d'association et l'accès à la pleine nationalité sont mieux garantis. Mais une partie de ces droits ont été acquis après de longues batailles et se heurtent encore à d'importants obstacles – on le voit avec la liberté de conscience et l'inclusion de toutes les croyances dans la laïcité. Bref, égalité et diversité paraissent difficiles à conjuguer.

Ces batailles ont laissé des traces et c'est dans ce contexte qu'il faut aborder le problème longtemps négligé des discriminations. Les études scientifiques le montrent clairement aujourd'hui : d'importantes discriminations touchent, au-delà des populations arrivées récemment d'Afrique ou d'ailleurs (souvent musulmanes), les Français et les étrangers de couleur. De fait, la question se pose : faut-il mettre en place des politiques d'*affirmative action* (« politiques préférentielles ») à l'image de celles qui ont vu le jour aux États-Unis voici une trentaine d'années ? L'importation de techniques expérimentées dans des pays étrangers est courante. Il est possible de sélectionner, dans la diversité des expériences américaines ou européennes, celles qui sont le mieux à même de s'acclimater dans un pays où classer les individus par races ou par ethnies rappelle les périodes les plus sombres de l'histoire. Mais il s'agit surtout de répondre au problème français. Pour ce qui est de l'accès à l'élite scolaire, l'exclusion et la relégation sont ressenties non seulement en banlieue, mais aussi en province et outre-mer, chez tous les enfants des classes moyennes et populaires. Quant à l'accès à l'emploi, la discrimination ethnique est clairement en cause, même si elle ne concerne pas toutes les professions. Pour lutter contre l'ensemble de ces discriminations, un plan pour l'égalité est urgent.

Au fond, dans chacun de ces domaines – immigration, intégration, lutte contre les discriminations –, à chaque fois que la République est confrontée à sa diversité, c'est bien une *politique de l'égalité* qui s'impose comme la meilleure réponse. L'égalité est inscrite au cœur des valeurs républicaines depuis la Révolution ; son principe n'est certes pas exempt d'hypocrisie et son formalisme masque parfois un ethnocentrisme rétif à la diversité, mais il recèle les plus précieuses ressources pour l'action, et pour réduire l'écart entre nos valeurs et nos pratiques.

CHAPITRE I

# Immigration : du contrôle à la régulation

C'est d'abord à ses frontières, à travers sa politique d'immigration, que la République rencontre *sa* diversité. Depuis plus d'un demi-siècle, cette politique est structurée par une ordonnance de novembre 1945, née autour d'une ambiguïté. D'un côté, la France s'affichait comme pays d'immigration sans distinction d'origine ou de nationalité. De l'autre, elle s'efforçait sans trop le dire de favoriser l'immigration européenne au détriment de l'immigration coloniale, particulièrement algérienne. En 1974, quand la crise économique et le chômage se développent, les contradictions entre l'approche préférentielle et l'approche égalitaire explosent. Et il faut 25 ans pour que cette dernière s'impose. Les conventions internationales que la France a signées avec les autres démocraties libérales y ont joué leur rôle, de même que la construction européenne.

Aujourd'hui, l'immigration fait partie des compétences de l'Union européenne. Mais rien ne serait plus trompeur que l'idée d'une « politique européenne » d'immigration. À cette échelle, ce sont encore d'importantes différences nationales qui subsistent : les exemples de l'Allemagne, de l'Espagne, de la Grande-Bretagne et de l'Italie le montrent, l'Europe est bel et bien plurielle et le restera sans doute encore longtemps. L'expérience de ces pays nous montre aussi que l'immigration est redevenue un enjeu d'avenir : un enjeu de régulation plutôt que de contrôle avec des instruments rigides et inadaptés ; une régulation propre à s'adapter à des migrations de circulation, faites d'allers-retours réguliers, qui viendront s'ajouter à l'immigration sédentarisée que nous connaissons déjà : bref, une diversité de parcours au-delà de la diversité des origines.

## Le poids du passé

Depuis plus d'un siècle, la France est un pays d'immigration, et même le premier en Europe. En 1860, alors que les efforts de colonisation sous enseigne française non seulement en Algérie, mais aussi en Amérique Latine battent leur plein, la France se perçoit plutôt comme un pays d'émigration. C'est au milieu des années 1880 que tout bascule. En 1886, la population étrangère atteint 1 127 000 personnes, soit 3 % de la population totale. Jusqu'à la Première Guerre mondiale, les autres pays européens voient une partie de leur population émigrer outre-Atlantique, mais la Belgique, l'Italie, l'Espagne, l'Allemagne ou la Suisse fournissent aussi à la France une immigration de voisinage, employée principalement dans les industries de transformation. C'est dans les années qui suivent la Grande Guerre que le phénomène migratoire prend une grande ampleur. Pour des raisons démographiques, et aussi parce que la porte des États-Unis se ferme, la France voit affluer une immigration économique venue encore d'Italie mais aussi de Pologne et de Tchécoslovaquie tandis que l'arrivée de réfugiés de différentes origines témoigne des événements politiques qui bouleversent l'Europe. En 1931, la France compte un taux d'étrangers plus élevé que celui des États-Unis (6,58 %). Durant la crise économique des années 1930, alors que le chômage augmente, le Parlement poussé par l'opinion publique vote la loi du 10 août

1932 qui permet au gouvernement de fixer des quotas de travailleurs étrangers dans les entreprises privées de secteurs industriels ou commerciaux déterminés. Mais l'immigration se poursuit encore : l'agriculture n'est pas concernée par la loi de 1932 et les entreprises animées par d'autres intérêts poussent le gouvernement à agir avec modération, voire dans une autre direction. Sur le terrain, l'administration semble faire du zèle répressif et procède au rapatriement forcé d'étrangers licenciés, le plus souvent polonais[1]. En outre, de nombreux réfugiés fuyant le régime nazi puis le franquisme viennent chercher asile en France. Tant et si bien qu'à l'approche de la guerre les actions des pouvoirs publics apparaissent de plus en plus incohérentes, inefficaces, voire illégitimes.

C'est à la Libération qu'une politique d'immigration est structurée, par l'ordonnance du 2 novembre 1945. Ses effets sont potentiellement vertueux. À l'origine du processus d'immigration, le travailleur salarié – de l'agriculture ou de l'industrie – que l'on recherche en priorité, n'est introduit ou régularisé que sur présentation d'une promesse d'embauche ou d'un contrat de travail, contrairement aux États-Unis où, à la demande des syndicats, le Congrès a légiféré pour imposer que l'immigré soit à son arrivée « libre » de tout engagement de travail. Ce travailleur peut se faire accompagner de sa femme et de ses enfants ou procéder plus tard au regroupement familial. L'ordonnance du 2 novembre 1945 affiche ainsi la France comme pays d'immigration durable, de travailleurs mais aussi de familles.

Ce texte ne manquait pourtant pas d'ambiguïtés. D'un côté, l'*État de droit* garantissait une installation de plus en plus durable à l'immigré, au fur et à mesure que son séjour, autorisé une première fois, se prolongeait et que son intégration dans la société était supposée se réaliser. En outre, pour sélectionner le nouvel immigrant, l'administration ne distinguait pas selon son origine

---

1. Janine Ponty, « Une intégration difficile : les Polonais en France dans le XXᵉ siècle », *Vingtième Siècle,* juillet-septembre 1985, p. 51-70.

nationale ou ethnique; formellement, elle était censée traiter de façon semblable un Turc et un Italien. Mais, d'un autre côté, l'*État acteur* était encouragé à manifester des préférences en installant les bureaux du nouvel Office national d'immigration plutôt à Milan qu'à Istanbul. On cherchait donc à favoriser la venue devant les guichets de l'administration de travailleurs de certaines origines plutôt que d'autres[2]. Très vite cependant l'immigration italienne fut concurrencée par une immigration de musulmans d'Algérie, considérée à l'époque comme indésirable par de nombreux acteurs de la politique d'immigration. Mais le 20 septembre 1947, l'attribution de la citoyenneté aux musulmans d'Algérie avait légalisé leur liberté de circulation en métropole, déjà effective depuis 1946. En 1962, les accords d'Évian prévoyaient encore, sur demandes françaises, la libre circulation entre la France et l'Algérie pour les ressortissants des deux pays; ensuite, jusqu'en 1974, les responsables de la politique française d'immigration n'eurent de cesse que de renégocier cette clause des accords d'Évian ou de favoriser l'immigration portugaise mais aussi tunisienne ou marocaine pour freiner l'arrivée des Algériens.

Aussi, presque trente ans plus tard, le 3 juillet 1974, lorsque l'installation de nouveaux travailleurs étrangers est interrompue, la France de l'immigration a l'apparence d'un kaléidoscope : le recensement de l'année suivante comptabilise 758 000 Portugais, 710 000 Algériens, 497 000 Espagnols, 462 000 Italiens, 260 000 Marocains et 139 000 Tunisiens, ainsi que des Yougoslaves, des Turcs et des Africains noirs, soit au total 3 442 000 étrangers (6,2 % de la population nationale). L'avenir des immigrés est une question pour la France mais aussi pour le Royaume-Uni, les Pays-Bas, la Belgique, l'Allemagne, ou le Luxembourg qui sont depuis 1945 devenus, eux aussi, des pays d'immigration. Durant tout le XX^e siècle, la France avait connu des périodes de croissance écono-

---

2. Voir Alexis Spire, *Étrangers à la carte, l'administration de l'immigration en France (1945-1975)*, Paris, Grasset, 2005, p. 111-141.

mique et de récession, d'ouverture ou de fermeture. On aurait pu penser que, forte de cette expérience, lorsque la crise économique se développa dans les années 1970, elle aurait pu mieux ou avant les autres trouver la réponse adéquate. Il n'en fut rien, bien au contraire. À partir de 1974, elle n'expérimenta pas moins de cinq politiques différentes en dix ans. Il fallut attendre 1984 pour que ce que le Royaume-Uni avait admis depuis 1962 ou l'Allemagne depuis 1972 fût accepté par la France : tous les immigrés légalement entrés et installés en France auraient le droit de rester et de s'intégrer.

Seule en Europe, sous l'impulsion de Valéry Giscard d'Estaing, elle tenta d'organiser, entre 1978 et 1980, le retour volontaire, puis forcé, c'est-à-dire le renvoi de la majorité des Nord-Africains, plus particulièrement des Algériens. Valéry Giscard d'Estaing s'efforça de persuader l'Algérie de coopérer à ce projet, tout en menaçant de faire approuver par le Parlement une législation qui permettrait, sans l'accord de cet État, de contraindre au retour des dizaines de milliers de ses ressortissants. Les accords d'Évian seraient dénoncés, des quotas de non-renouvellement des titres de séjour seraient créés par département, les titres de séjour seraient retirés en cas de chômage de plus de six mois ou en cas de retour tardif de congés. Au total, on visait le départ forcé de 100 000 étrangers par an, soit 500 000 en cinq ans, en majorité algériens, mais aussi marocains ou tunisiens [3].

---

3. À la fin de la négociation avec l'Algérie, le 18 décembre 1979, Valéry Giscard d'Estaing préside un Conseil restreint à l'Élysée qui décide, dans une ultime tentative, de chercher à obtenir un accord de l'Algérie sur la base d'un retour de 30 000 adultes algériens par an, pendant cinq ans. Le Président annote le compte rendu de cette réunion de cette phrase : « éviter de parler de quotas d'enfants ». Quelques semaines plus tard, en janvier 1980, se produit le tournant de la négociation. En contradiction avec les conclusions du Conseil restreint du 18 décembre 1979, le Premier ministre Raymond Barre annonce au ministre des Affaires étrangères algérien, M. Benyahia, en visite à Paris, l'abandon par la France de son objectif des retours forcés. Cet épisode de l'histoire de la politique de l'immigration est développé dans Patrick Weil, *la France et ses étrangers. L'aventure d'une politique de l'immigration de 1938 à nos jours,*

Il ne s'agissait pas de renvoyer des étrangers en situation irrégulière ou de proposer à des étrangers en situation régulière de repartir dans leur pays d'origine moyennant une aide financière comme le fit l'Allemagne quelques années plus tard. Il s'agissait de faire repartir de force la majeure partie de l'immigration algérienne installée en France en toute légalité depuis de nombreuses années, en mettant fin abruptement à la validité de leurs titres de séjour.

Fondé sur le préjugé d'une « inassimilabilité » à la nation française, ce projet de retours forcés échoue grâce à la mobilisation des Églises, associations, syndicats, partis de gauche, d'une part, et, de l'autre, à l'action plus discrète des administrations centrales, des gouvernements étrangers, de deux partis de la majorité présidentielle de l'époque (le RPR et le CDS), et du Conseil d'État.

Puis, après que la gauche eut pris le contre-pied de la politique précédente en régularisant notamment cent trente mille étrangers en situation irrégulière, en 1984, l'Assemblée nationale adopta à l'unanimité un projet de loi créant un titre unique de 10 ans ; celui-ci garantissait la stabilité du séjour des résidents étrangers en situation régulière quelle que soit leur nationalité. Pour le reste, la lutte contre l'immigration irrégulière et l'arrêt de l'immigration non qualifiée tant que le chômage perdurerait étaient confirmés.

Entre 1984 et 1998, droite et gauche se succèdent au pouvoir et appliquent ces principes communs. Néanmoins elles ont tendance à mettre en scène l'immigration comme phénomène global et à politiser l'action de l'État en ce domaine, en exagérant leurs différences.

Chaque changement de gouvernement entraîne une modifi-

Paris, Folio-Gallimard, 2005, nouvelle édition refondue (1re édition 1991), p. 193-238.

cation de l'ordonnance de 1945 qui, à chaque fois, donne lieu à de violentes polémiques. Toutes sont présentées, à gauche comme à droite, comme une «abrogation» de la modification précédente, ce qui n'était jamais le cas en réalité. Les approches opposées : «plus de contrôles», d'un côté, «plus de droits», de l'autre, ne s'annulent pas l'une l'autre, mais s'entrelacent, sans considération pour la paralysie qu'elles contribuent à créer sur le terrain du contrôle et sur le terrain du droit.

Le plus paradoxal, c'est que toutes ces batailles sont organisées, à droite comme à gauche, dans le cadre d'un discours – l'arrêt de l'immigration ou l'immigration zéro – qui se refuse à reconnaître les faits : l'immigration reste légalement autorisée pour différentes catégories (conjoints de Français, familles d'étrangers résidant régulièrement en France, réfugiés politiques, ressortissants de l'Union européenne, travailleurs qualifiés).

Ce mensonge contribue à accroître la confusion et la méfiance à l'égard des différents gouvernements et à renforcer le Front national. Le sommet est atteint en 1993. Dans un entretien au *Monde* le 2 juin 1993, M. Pasqua déclare : «La France ne veut plus être un pays d'immigration». À la question qui se pose depuis 1984 : «Quels immigrés faut-il admettre au séjour?», il répond : «L'objectif que nous nous assignons, compte tenu de la gravité de la situation économique, c'est de tendre vers une immigration zéro[4]». Pour rapprocher le mensonge de la vérité, M. Pasqua s'attaque alors tous azimuts à l'immigration légale.

Tout s'est passé – a écrit un des corédacteurs de la législation de 1993 – comme si le législateur, agissant sous la pression de plus en plus forte des flux migratoires sur nos frontières, avait cherché à élever un mur sans cesse plus haut... tout en acceptant l'idée qu'une fois entré, l'étranger resterait dans notre pays[5].

---

4. *Le Monde*, entretien avec Philippe Bernard, Erich Inciyan et Edwy Plenel.
5. P. Weil, *Rapports au Premier ministre sur les législations de la nationalité et de l'immigration*, Paris, La Documentation française, 1997, p. 48.

Partant de ces prémices, la loi et surtout la pratique n'ont plus fait de distinction : toute personne désireuse d'entrer en France pour tourisme, affaires, travail, mariage, recherches, études, asile, regroupement ou visite familiale, était considérée en pratique comme un illégal ou un fraudeur potentiel, soumis à des contrôles d'autant plus systématiques et répétitifs que, la politique de l'immigration nécessitant la coopération de plusieurs administrations, chacune d'entre elles pouvait en bloquer la mise en œuvre, développant ainsi une maladie particulière à l'administration de l'immigration que j'ai dénommée dans un rapport remis en 1997 au Premier ministre, la « contrôlite »[6].

Concrètement l'administration doit veiller à appliquer des règles qui préviennent et combattent l'immigration illégale sans freiner l'admission sur le territoire des touristes et des immigrants légaux. En pratique chaque instrument de la politique d'entrée et de séjour a donc des dimensions complémentaires et contradictoires, qui excluent les raisonnements binaires. Dans ce contexte, la loi dite RESEDA adoptée par le Parlement en 1998[7] vise à ce que, sur le terrain, les principes trouvent leur application : que les droits proclamés dans la Constitution de la France et dans ses lois – droits d'asile et à une vie familiale normale – aient une traduction dans la pratique, et que les contrôles ainsi facilités soient plus effectifs contre l'immigration illégale. Après plusieurs années de restriction excessive, priorité est aussi donnée à l'accueil des étudiants et des chercheurs et au rétablissement des visas pour les touristes et les hommes d'affaires.

Il avait fallu dix ans et quatre politiques différentes pour que, en 1984, le Parlement vote une loi créant un titre unique qui garan-

6. Voir P. Weil, « Le chercheur et la décision politique », entretien avec Christophe Jaffrelot et Rachel Bouyssou, *Critique internationale*, n° 1, p. 44-53.
7. Loi n° 98-349 du 11 mai 1998, *relative* à l'*entrée* et au *séjour* des *étrangers* en France et au *droit d'asile*.

tit la stabilité du séjour des résidents étrangers installés régulièrement en France, quelles que soient leur nationalité et leur origine.
Et il a fallu encore presque quinze ans pour que soient acceptées les
conséquences de ce compromis. Les immigrés qui faisaient, entre 1945 et 1974, l'objet d'une
politique globale d'admission au séjour, doivent dorénavant être
clairement distingués. Pour certains, les possibilités de s'installer
en France sont très limitées : c'est le cas des travailleurs non qualifiés non citoyens de l'Union européenne. Les citoyens de l'Union
européenne bénéficient à l'inverse de la liberté de circulation. Enfin,
trois catégories d'étrangers se trouvent dans une situation intermédiaire : les réfugiés politiques et les familles (de Français ou de
résidents étrangers) qui ont un droit d'immigrer sous conditions,
enfin des travailleurs (qualifiés ou saisonniers) dont l'accueil sélec-
tif est soumis à la seule appréciation de l'État. Et cette diversité des
statuts et des situations implique la mise en place de règles qui
définissent à la fois des droits et des modalités de contrôle, selon
un savant équilibre qui dépend de la particularité de chacune de
ces catégories juridiques.

Après l'adoption de la loi de 1998, le constat que le discours
anti-immigré devient de plus en plus coûteux politiquement[8]
conduit finalement Alain Juppé à espérer que le moment du
consensus est arrivé : « J'admets que [le gouvernement] a, d'une certaine manière, décrispé les choses en matière d'immigration »[9].

---

8. Zaïr Kedadouche et Frédéric Salat-Baroux, *Analyse sur l'Immigration*, Les cahiers
de France Moderne, Paris, 1999.
9. Propos recueillis par Philippe Bernard, Jean-Louis Saux et Sylvia Zappi, pour
*Le Monde*, 1er octobre 1999.

# Un cadre souple
# pour une Europe plurielle

Les différents partis politiques français ont ainsi mesuré les limites de leur action dans le domaine de l'immigration. Il leur aura fallu du temps pour en convenir et se soumettre aux leçons de l'expérience. Cette situation de compromis au moins tacite semble désormais durable, tout en laissant encore ouverts quelques espaces de débat (je reviendrai notamment à la fin de ce chapitre sur le retour de la vieille idée des quotas). Mais parfois, elle produit aussi de nouvelles généralisations hâtives et trompeuses. L'idée d'une « politique européenne de l'immigration » me semble faire partie de ces illusions. L'Europe expliquerait, pour ses détracteurs, la limite imposée à l'action nationale, et désignerait, pour ses promoteurs, un nécessaire horizon de convergence. En réalité, inspiré souvent par le droit international développé par les démocraties libérales après 1945, le cadre européen fondé sur des principes communs est suffisamment souple pour laisser place à des politiques adaptées aux particularités des États membres.

Jusqu'en 1940, chaque État-nation avait toute latitude pour déterminer qui pouvait pénétrer sur son territoire et qui pouvait accéder à sa nationalité. Après la Seconde Guerre mondiale, en réaction au nazisme, puis au communisme, les démocraties libérales se sont soumises progressivement et volontairement à des normes de droit qu'elles ne respectaient pas toujours avant 1939 et qui s'imposent désormais, indépendamment des changements de conjoncture politique ou économique. Elles ont d'abord renoncé à toute sélection de l'immigration au moyen de quotas ethniques ou nationaux, lesquels impliquent une hiérarchie entre les étrangers « désirables » et ceux qui ne le sont pas (les États-Unis ont ainsi abandonné définitivement en 1965 une législation et une politique fondées depuis 1921 sur cette approche [10]. Elles ont ensuite ratifié la convention de Genève de 1951, à laquelle s'ajoute le protocole de New York de 1967 sur le statut des réfugiés, et ainsi garanti le statut le plus protecteur aux réfugiés politiques qu'elles admettent sur leur territoire [11]. Elles ont encore reconnu au résident étranger le droit à une vie familiale normale et ont donc admis la permanence, sous des conditions que l'État a le droit de fixer, de flux d'immigration de familles de citoyens comme de résidents étrangers. Elles ont également dû accepter qu'une règle non écrite soit finalement inscrite en droit : lorsqu'un étranger a acquis par le renouvellement successif de son titre de séjour une résidence stable dans un État démocratique, celui-ci ne peut le contraindre, même si la conjoncture économique a changé, à repartir contre sa volonté, car il a acquis de ce même fait un droit à l'intégration. Enfin, ces démocraties libérales ont reconnu des droits limités aux étrangers en situation irrégulière (soins, scolarisation des enfants, recours contre certaines décisions administratives ou juridictionnelles), qui ne constituent certes pas un « quasi-statut », contrairement à ce qu'insinue un récent rapport de la Cour des comptes française, mais la garantie de certains droits humains qui sont aussi souvent dans l'intérêt des États et des sociétés d'accueil [12].

Ces règles qui encadrent la politique des États sont de dif-

---

10. Voir P. Weil, "Races at the Gate : A Century of Racial Distinctions in American Immigration Policy (1865-1965)", *Georgetown Immigration Law Journal*, Vol. 15, summer 2001, n° 4, p. 625-648.

11. En France, il s'agit de la carte de résident d'une validité de dix ans, renouvelable de plein droit.

12. Voir Cour des comptes, *L'Accueil des immigrants et l'intégration des populations issues de l'immigration*, Paris, Édition des Journaux officiels, novembre 2004, p. 105-110. Ailleurs (p.195), le rapport de la Cour des comptes précise pourtant que les étrangers en situation irrégulière sont « privés de certains droits essentiels et en particulier celui de travailler régulièrement »... Si un étranger en situation irrégulière atteint d'une maladie contagieuse ne pouvait se soigner, il mettrait en danger la société d'accueil ; c'est aussi l'intérêt de la société qu'un enfant en situation irrégulière aille à l'école.

férents ordres : elles sont inscrites dans des conventions internationales ou dans des Constitutions, mais elles peuvent aussi résulter de pratiques progressivement validées par la jurisprudence. Elles ne sont pas particulières à la France, mais constituent au contraire un cadre commun, notamment pour les politiques des pays de l'ancienne Europe des quinze, lesquels sont tous devenus aujourd'hui des pays d'immigration (les derniers en date étant l'Italie, l'Espagne, le Portugal, la Grèce et l'Irlande).

Pourtant, ces principes communs n'ont pas abouti à une politique commune. Les politiques nationales restent différentes et les flux d'immigration assez contrastés d'un pays à l'autre ; ils ne sont en rien proportionnels à l'importance démographique de chaque État.

Ces divergences s'expliquent par la permanence de plusieurs facteurs de différenciation. La situation géographique est le premier d'entre eux : même si le spectacle de bateaux chargés de « clandestins » approchant des côtes européennes sous l'œil de caméras de télévision peut laisser croire le contraire, il est plus difficile d'atteindre une île que de franchir une frontière terrestre ; les frontières se franchissent donc beaucoup plus aisément vers ou par l'Allemagne, l'Italie ou même l'Espagne, que vers ou par la Grande-Bretagne ou l'Irlande.

Les situations démographiques respectives des pays de l'Union sont également très différentes. Le rapport publié en 2000 par la Division de la population des Nations Unies a clairement démontré l'absurdité de toute politique qui consisterait à vouloir utiliser l'immigration pour remédier au vieillissement des populations européennes ; il tend en revanche à démontrer que l'immigration pourrait être une solution réaliste pour lutter contre le déclin de la population totale voire de la population active de ces pays. Mais le rapport montre aussi que, eu égard à cette dernière considération, les pays européens se trouvent dans des situations fort différentes : pour maintenir leur population totale, l'Italie ou l'Allemagne auront besoin d'une immigration beaucoup plus nombreuse que par le passé, tandis que la France ou la Grande-Bretagne ont des besoins moindres. C'est pour maintenir – à systèmes de retraite stables – leurs populations actives au même niveau, que les pays européens seraient amenés à augmenter leurs flux d'immigration nette. Mais là encore, un pays comme la France, dont le taux de natalité est encore relativement élevé et l'immigration ancienne, se trouve dans une situation bien différente de celle de ses partenaires européens : entre 2000 et 2050, l'immigration nette nécessaire pour maintenir à son niveau actuel la population active serait de 5,5 millions pour la France (110000 personnes par an), 25,2 millions pour l'Allemagne (500000 par an) et 19,6 millions pour l'Italie (un peu moins de 400000 par an)[13].

Chacun des États de l'Union européenne est en outre dans une situation différente au regard du cycle migratoire. Si tous les pays de l'Union à quinze sont désormais des pays d'immigration, les pays d'immigration plus ancienne – Allemagne, France, Grande-Bretagne, Belgique ou Pays-Bas – ayant fait venir depuis plus longtemps des travailleurs immigrés, connaissent majoritairement une immigration familiale qui constitue la plus grande partie des entrées de nouveaux immigrés sur le marché du travail (le plus souvent non qualifiés)[14]. Dans les pays d'immigration plus récente (Espagne, Italie, Portugal ou Grèce), l'immigration est encore principalement une immigration de travail.

Les traditions politiques peuvent influer également sur la gestion de l'immigration : dans les pays d'Europe continentale, la

---

13. Nations Unies, Population Division (2000), *Replacement Migration: Is it a Solution to Declining and Ageing Population ?*, New York (ESA/P/WP.160).

14. Jean-François Léger distingue ainsi les entrées directes sur le marché du travail – 6 500 en 2003 – des entrées indirectes plus importantes, celles des réfugiés politiques, des bénéficiaires du regroupement familial ou les conjoints de Français qui ont le droit de travailler, tous les titres de séjour à vocation permanente permettant l'accès au marché du travail. J.-F. Léger, « Les entrées d'étrangers sur le marché de l'emploi de 1990 à 2001 », *Revue européenne des migrations internationales*, vol. 20, n° 1, 2004, p. 7-30.

possession et le contrôle de documents d'identité apparaissent «normaux»; ce n'est pas encore le cas au Royaume-Uni ou en Irlande, et c'est ce qui explique en partie que ces pays n'aient pas ratifié les accords de Schengen qui prévoient depuis 1985, en contrepartie de la suppression des contrôles statiques aux frontières internes des pays signataires, le développement des contrôles à l'intérieur des territoires des États membres.

Les techniques et les réglementations liées à la gestion de l'immigration peuvent également varier. Tous les pays respectent la convention de Genève, mais certains accordent au demandeur d'asile dont le dossier est en cours d'examen un logement et le droit de travailler, et d'autres pas; la durée de traitement des dossiers est très variable: entre un an ici (recours compris) et trois, voire quatre ans là. Du coup, la procédure d'asile peut avoir des effets sur la configuration du phénomène migratoire dans chaque pays: des immigrés irréguliers restent clandestins en Italie où la procédure de l'asile est peu protectrice, tandis qu'ils seront comptabilisés demandeurs d'asile aux Pays-Bas où la procédure dure trois ans et permet de bénéficier du droit au logement et d'un travail, ou plus récemment en France où la procédure a eu tendance à s'allonger. On retrouve des différences aussi significatives dans les procédures de regroupement familial (durée de séjour avant le début de la procédure, âge des enfant mineurs, conditions de ressources et de logement) et dans celles d'admission au travail (système de quotas ou critères individuels).

Enfin, les orientations politiques (gauche ou droite) des gouvernements jouent un rôle certain, surtout dans les régimes parlementaires où le vote d'une loi est aisé.

Voilà pourquoi, si les accords de Schengen entrés en vigueur le 26 mars 1995 ont permis la création d'une frontière extérieure commune, si le traité d'Amsterdam a prévu l'harmonisation des politiques nationales d'immigration sur la base d'un accord unanime, cette harmonisation n'a été que partielle en raison des particularités de chacun des pays.

L'harmonisation est complète pour ce qui est de la politique des visas entre les pays de la zone Schengen. Elle a atteint un haut degré pour tous les pays membres de l'Union dans le domaine de l'asile, où la règle commune existait déjà – la Convention de Genève. Malgré les mises en cause, par exemple de la Grande-Bretagne, cette convention reste la pierre angulaire du système de l'asile en Europe. Toutefois, un système de protection temporaire permet dorénavant à l'Union européenne de reporter l'application de la Convention de Genève de quelques mois en cas d'arrivée massive de réfugiés, comme au moment de la guerre civile en ex-Yougoslavie. Dorénavant les États européens dressent des listes de pays qu'ils jugent suffisamment « sûrs » du point de vue des droits de l'homme, pour n'examiner que de façon exceptionnelle et accélérée les demandes en provenance de ces pays [15].

En revanche, l'harmonisation est minimale dans le domaine du regroupement familial, où chaque dispositif national a été presque complètement préservé. Elle n'a pas encore abouti dans le domaine de l'immigration de travail, là où les États disposent de la plus grande marge de manœuvre pour adapter leur politique aux besoins divergents qu'ils peuvent avoir [16].

Aussi, dans chaque État la politique d'immigration se définit-elle au croisement des principes ou des règles européennes communs, d'une part, et des contextes géographique, démographique, institutionnel et politique qui sont les siens, de l'autre. Les exemples de l'Allemagne, du Royaume-Uni, de l'Italie et de l'Espagne permettent de le montrer plus précisément.

---

15. En octobre 2004, cette liste comprenait les pays suivants : Bénin, Botswana, Ghana, Mali, Sénégal, Chili, Costa Rica et Uruguay.

16. Voir Commission des Communautés européennes, *Livre vert sur une approche communautaire de la gestion des migrations économiques*, COM (2004) 811 final, 11 janvier 2005, 14 p.

## L'Allemagne

L'Allemagne avait mis en place à la fin des années 1950 un programme d'introduction de travailleurs « hôtes » : l'étranger était censé venir travailler temporairement et en célibataire et s'en retourner à l'échéance de son contrat de travail. Mais les contrats de travail et les titres de séjour sont renouvelés à la demande des entreprises. Leur nombre atteint un niveau record de 2,6 millions (12 % de la force de travail [17]) au moment où l'Allemagne interrompt l'introduction de nouveaux travailleurs étrangers en novembre 1973, quelques mois avant la France. Cinq ans plus tard, en septembre 1978, la Cour constitutionnelle annule comme contraire à la Loi fondamentale une décision de l'État de Bavière qui refusait le renouvellement de son titre de séjour à un immigrant indien, présent en Allemagne depuis 1961 : ce droit au renouvellement ainsi garanti, après une certaine durée de séjour sur le sol allemand, transforme ce pays *de facto* en terre d'immigration [18]. En 1983, le relatif échec d'un programme d'aide au retour volontaire entérine cette situation. Et progressivement l'Allemagne reconnaît le droit à une vie familiale normale aussi bien aux époux étrangers de citoyens allemands qu'aux familles de résidents réguliers.

Au milieu des années 1980, l'Allemagne fait face à une très forte augmentation de la demande d'asile : l'article 16 de la Loi fondamentale de 1949 qui va au-delà de la Convention de Genève, garantit l'asile à toute personne persécutée pour des raisons politiques. Un coup d'État en Turquie, puis la guerre en ex-Yougoslavie provoquent l'arrivée massive de demandeurs d'asile dont le

---

17. Philip Martin, "Germany : Managing Migration in the Twenty First Century", in Wayne A. Cornelius, Takeyuki Tsuda, Philip L. Martin, James F. Hollifield, *Controlling Migration, a Global Perspective*, Stanford, Stanford University press, (2nd edition), 2004, p. 221-251.

18. Daniel Kanstroom, "Wer Sind Wir Wieder ? Laws of Asylum, Immigration, and Citizenship in the Struggle for the Soul of the New Germany", *The Yale Journal of International Law*, 1991, Vol. 18, n° 1, p. 194.

nombre passa de 103 000 en 1988 à 438 000 en 1992. L'européa-nisation de la politique d'asile dans le cadre des accords de Schengen permet au gouvernement de Helmut Kohl de faire adopter un amendement constitutionnel alignant la loi allemande sur les lois et les pratiques des autres pays européens. Depuis, le nombre de demandes d'asile diminue progressivement pour atteindre 50 563 en 2003, le chiffre le plus bas depuis 1984.

Dès le début des années 1990, afin de répondre aux besoins de ses entreprises et de prévenir la migration clandestine en provenance de ses voisins de l'Est, l'Allemagne a mis en place des accords bilatéraux concernant l'entrée des travailleurs saisonniers, frontaliers ou apprentis. Le nombre de travailleurs saisonniers n'a cessé de croître de 137 819 en 1994 à plus de 318 000 en 2003. Et tandis que l'Allemagne a obtenu de ses partenaire européens la possibilité de reporter à sept ans l'ouverture de l'immigration permanente aux ressortissants des nouveaux pays membres, plus de 80 % des emplois saisonniers sont pourvus par des Polonais en 2003 (271 907).

En 1999, le chancelier G. Schröder a en outre annoncé la création d'un quota de 20 000 visas pour des informaticiens étrangers. Le résultat n'a pas correspondu aux espoirs du gouvernement allemand ; les informaticiens indiens, que l'Allemagne recherchait, ont préféré aller en Grande-Bretagne ou aux États-Unis dont ils parlent la langue et où le statut qu'on leur offrait était plus attractif. Quatre ans après son annonce, le quota, qui avait vocation à être annuel, n'a toujours pas été complètement pourvu : depuis 2000, 15 658 visas ont été délivrés dont 2 285 en 2003.

En 2004, une nouvelle loi, adoptée au terme d'un compromis entre la majorité et l'opposition entérine la situation de l'Allemagne comme pays d'immigration (en fait, le plus important d'Europe puisque, au début de l'année 2004, la population étrangère y est de 7,335 millions, soit 8,9 % de la population totale). Afin de favoriser l'intégration, la loi prévoit l'enseignement obligatoire de l'allemand pour les nouveaux arrivants. Le droit à une

LA RÉPUBLIQUE ET SA DIVERSITÉ

vie familiale normale reste reconnu, même si dorénavant l'immigration en Allemagne d'un enfant de plus de douze ans peut être refusée, au motif que son éducation à l'étranger pourrait nuire à son intégration en Allemagne.

Enfin, le système de quota est abandonné. La loi organise la nouvelle politique allemande autour d'une immigration qualifiée dont on veut faciliter le recrutement par les entreprises, de façon pragmatique :

- L'étudiant en fin d'études qui trouve du travail pourra rester en Allemagne, et il pourra demeurer sur le territoire un an après ses études pour rechercher ce travail.

- Managers et scientifiques de haut niveau recevront immédiatement un statut de résident permanent.

- Enfin, une disposition permet à ceux qui investissent plus d'un million d'euros ou qui créent dix emplois au moins, d'obtenir un titre de séjour pour trois ans, avant d'obtenir la résidence permanente[19].

## Le Royaume-Uni

Juste après la guerre, le Royaume-Uni était devenu un pays de forte immigration, principalement en provenance du Commonwealth. Jusqu'en 1962, plus de cinq cent mille ressortissants d'Inde, du Pakistan ou des Caraïbes, bientôt rejoints par leurs familles, s'y installèrent[20]. À partir de 1962, cette immigration s'est progressivement interrompue et les autorités britanniques ont mis en place la politique d'immigration la plus restrictive et la plus efficace d'Europe. Forcés de faire le choix de l'intégration de ces immigrants – ils étaient devenus dès leur arrivée citoyens britan-

19. Rainer Münz, « New German Law Skirt Comprehensive Immigration reform », *Migration information Source*, 1er Août 2004.

20. Voir Randall Hansen, *Citizenship and Immigration in Post war Britain*, Oxford, New York, Oxford University Press, 2000, introduction.

niques –, les gouvernements bénéficient de la situation insulaire, mais aussi du caractère encore relativement ouvert des autres pays européens pour réussir cette stratégie de restriction [21]. Ils mettent également en place une réglementation de l'immigration familiale qui donne un pouvoir de décision discrétionnaire et implacable aux autorités consulaires britanniques. Tout cela permet à la Grande-Bretagne d'être le pays qui se rapproche le plus de l'objectif d'immigration zéro [22], puisque au début des années 1990 les flux d'immigration légale étaient réduits à un niveau de 50 000.

Puis le Royaume-Uni doit faire face à une forte augmentation des demandes d'asile. Ces flux sont favorisés par une économie plus florissante que dans le reste de l'Europe et qui offre de nombreux emplois précaires, par une législation qui empêche les contrôles d'identité sur le territoire britannique une fois la frontière franchie, et enfin par le durcissement des politiques menées dans le reste de l'Europe. En réaction, les procédures d'asile sont restreintes, la coopération avec le reste de l'Europe renforcée et depuis quelques années les demandes d'asile sont à la baisse.

A *contrario*, un changement se produit clairement, à l'automne 2000, sous l'influence d'un patronat de plus en plus demandeur d'immigrants qualifiés. L'objectif des pouvoirs publics n'est plus seulement de contrôler l'immigration (le « contrôle » reste cependant de mise pour les demandeurs d'asile), mais de la « manager » afin de répondre aux besoins de la croissance économique : le Royaume-Uni est en compétition avec les autres États européens et au-delà avec l'ensemble des pays industrialisés pour attirer les travailleurs d'élite.

En mai 2001, le ministère de l'Intérieur concentre des pou-

21. R. Hansen, "Commentary", in Wayne A. Cornelius *et alii*, *op. cit.*, p. 338-342.

22. Voir Christian Joppke, *Immigration and the Nation-State, the United States, Germany and Great-Britain*, Oxford, New York, Oxford University Press, 1999, p. 100-137.

voirs accordés jusque-là au ministère du Travail pour attribuer les autorisations de travail qui peuvent désormais avoir une validité immédiate de cinq ans et au bout d'un an permettre le regroupement familial. Plusieurs dispositifs sont mis en place pour permettre à des innovateurs, des investisseurs, des hommes d'affaires ou des stagiaires de pouvoir venir travailler au Royaume-Uni en passant par des procédures administratives accélérées. Le *High Skilled Migrants Programme*, lancé le 28 janvier 2002, permet à des immigrants de haute qualification de venir résider légalement au Royaume-Uni, sans avoir encore d'emploi, à condition de pouvoir subvenir à leurs propres besoins. Enfin, dès mai 2004, les ressortissants des dix nouveaux pays membres de l'Union sont autorisés à venir travailler au Royaume-Uni.

Même si elle n'est pas encore partie prenante des accords de Schengen, la Grande-Bretagne participe activement de toutes les autres politiques européennes[23]. Le ciblage sur les travailleurs qualifiés donne d'ailleurs des résultats : sur 139 000 permis accordés en 2003 (+ 20 % par rapport à 2002), 29 600 ont été attribué à des travailleurs qualifiés (+ 50 %), 65 800 au titre des liens de famille (+ 20 %) tandis que la demande d'asile baissait de 30 %.

## L'Italie

À partir du début des années 1970, l'Italie devient un pays d'immigration. Mais il faut attendre 1986 pour qu'une première loi sur l'immigration soit votée en même temps que la première grande régularisation d'étrangers en situation irrégulière[24]. C'est en 1989 que, par un décret bientôt converti en loi en 1990, le vice-président du conseil de l'époque, Martelli, met en place ce qui deviendra le cadre de la législation italienne de l'immigration : res-

---

23. Randall Hansen, *Citizenship and Immigration*, *op. cit.*, p. 256.
24. Salvatore Palidda et Alessandro Dal Lago, «L'immigration et la politique d'immigration en Italie», *in* Emmanuelle Bribosia et Andrea Rea, *les Nouvelles Migrations, un enjeu européen*, Bruxelles, Éditions Complexe, 2002, p. 183-206.

pect de la vie familiale, prise en compte de l'économie italienne et mise en place des instruments de contrôle et de répression de l'immigration illégale. La loi de 1990 élargit la protection de la Convention de Genève aux persécutés venus d'autres régions du monde que l'Europe[25]. Mais, surtout, l'ensemble des admissions d'immigrants fait l'objet d'un quota national déterminé après consultation des organisations professionnelles d'employeurs et des syndicats de travailleurs.

Le contexte de dégradation du marché du travail fait que les premiers quotas se bornent à autoriser l'entrée de familles, de demandeurs d'asile et de travailleurs introduits de l'étranger selon l'ancienne procédure[26]. Ce n'est qu'à partir de 1995 que les quotas intègrent des objectifs d'introduction de travailleurs. Après la loi Turco-Napolitano de 1998, les services du Président du Conseil fixent directement, chaque année, les quotas. Enfin, en échange d'une coopération plus efficace pour la « réadmission » de leurs ressortissants en situation irrégulière, des pays de la Méditerranée (Albanie, Maroc ou Tunisie) se voient attribuer des quotas privilégiés de quelques milliers : c'est une garantie chaque année d'un certain nombre d'entrées, mais dans le même temps une limite[27].

Quels sont les résultats de cette politique ? Entre 1995 et 2005, le quota est passé de 25 000 à 159 000. Parallèlement, cinq *sanatorie* – régularisations – ont été effectuées depuis le milieu des années 1980 : en 1986 (120 000), en 1990 (220 000), en

---

25. Dans l'attente d'une législation spécifique, le droit d'asile est géré par le ministère de l'Intérieur, une commission centrale composée de cinq membres dont un représentant du HCR assurant le suivi de la procédure.
26. Luca Einaudi, « Programmation de quotas, régularisations et travail au noir : les politiques de l'immigration en Italie et en Espagne (1973-2003) », *in* Marie-Claude Blanc-Chaléard, Stéphane Dufoix et Patrick Weil (dir.), *Immigration, Intégration, Nationalité*, Paris, éditions manuscrit.com, 2005.
27. Voir Ferrucio Pastore, « Quote e Gestione degli ingressi per motivi economici. Primi elementi per una valutazione dell'esperienza italiana (1998-2003) », in Consiglio Nazionale dell'Economia e del Lavoro (CNEL), *Regolazione dei flussi migratori : tra programmazione e precarieta' degli interventi*, déc. 2003, p. 45-57.

1996 (246 000), en 1999-2000 (250 000), enfin en 2002-2004 (700 000).

On peut dire de l'Italie qu'elle cumule de forts besoins sur son marché du travail en raison du vieillissement de la population, de l'allongement de la durée de vie, enfin d'un taux de natalité très faible (depuis 1990, le nombre d'enfants par femme se situe entre 1,3 et 1,2) ; qu'elle se trouve dans la première étape du processus migratoire, et donc que ses besoins de main-d'œuvre n'ont été jusqu'à présent que fort peu pourvus par l'immigration familiale (cependant, la régularisation de 2002-2004 va amener une forte augmentation de l'immigration familiale déjà passée de 2 000 en 1990 à 64 000 en 2001, puisque, après un an de séjour, les familles des nouveaux régularisés vont pouvoir être introduites en Italie, hors quota [28]).

Enfin, l'exemple italien montre que le quota joue un rôle important pour favoriser l'immigration irrégulière, du fait de son effet d'annonce : si le gouvernement affiche à l'avance un quota de 80 000 immigrants, beaucoup plus nombreux sont les immigrants potentiels qui espèrent pouvoir en bénéficier. Mais si l'on compare les régularisations de 2002-2004 et de 1999-2000, on constate un net changement dans la composition de cette immigration irrégulière : elle provient aujourd'hui plus d'Europe centrale et de l'Est (Roumanie et Ukraine), alors qu'en 1999-2000, elle provenait de Méditerranée (Albanie, Maroc). La relative liberté de circulation dont ont bénéficié les ressortissants des pays de l'Europe centrale et de l'Est, par opposition au renforcement des contrôles des arrivées par la Méditerranée, a eu un impact manifeste. Clairement, pour l'immigration tant régulière qu'irrégulière, l'Italie privilégie l'Europe centrale et de l'Est [29].

---

28. L. Einaudi, *op. cit.*
29. Pour 2004, le quota réservé aux ressortissants des nouveaux membres est de 36 000 pour un quota général de 115 500 (hors regroupement familial, demandes d'asile et Europe des quinze). Pour 2005, il passe à 79 500 pour un quota général de 159 000.

## L'Espagne

C'est en 1985 que l'Espagne, à l'approche de son entrée dans l'Union européenne, adopte une première législation sur l'immigration, très restrictive, centrée sur le contrôle des frontières et de l'immigration illégale [30]. Dans la foulée, le gouvernement espagnol procède à une première mais petite régularisation (23 000 permis accordés pour 44 000 demandes) [31] et dorénavant une régularisation scande chaque changement de législation. Le gouvernement procède donc en 1991, au moment où il impose la possession de visas aux ressortissants des pays d'Amérique du Sud et du Maghreb pour entrer dans l'espace Schengen, à une deuxième régularisation qui concerne 116 000 étrangers (dont 50 000 Marocains) pour 133 000 demandes. C'est à ce moment que l'immigration devient un réel enjeu politique et social. Pour tenter de «réguler» ces flux d'irréguliers et de répondre aux besoins de main-d'œuvre, des quotas sont institués, de 20 000 à 30 000 par an à partir de 1993, répartis presque par moitié entre travailleurs saisonniers et permanents [32]. Ce système permet de faire sortir de l'illégalité, à intervalle régulier, des milliers de travailleurs clandestins. Il échoue cependant à réguler l'immigration. L'Espagne signe des accords avec plusieurs pays d'Amérique du Sud (Equateur, Colombie, République Dominicaine), le Maroc et la Roumanie : en échange d'une coopération accrue pour le contrôle de leurs frontières et les «réadmissions» d'illégaux, ces pays sont prioritaires dans l'attribution des quotas.

Mais dès après le vote de la loi d'avril 2000 qui développe

---

30. Les informations qui suivent sont tirées de Francisco Javier Moreno Fuentes, «The Evolution of Migration Policies in Spain. Between External Constraints and Domestic Demand for Unskilled Labour», Estudios/Working Papers del CEACS n° 211, Instituto Juan March, Madrid, 2004, 37 p.

31. Seuls 13 000 permis furent renouvelés après 1 an de séjour.

32. Sauf en 1996, 2000 et 2001. 20 600 en 1993 et en 1994, 25 000 en 1995, 0 en 1996, 24 690 en 1997, 28 000 en 1998, 30 000 en 1999, 0 en 2000 et 2001, 32 079 en 2002 et 24 337 en 2003 (source : L. Einaudi, *op. cit.*).

une politique d'intégration, une nouvelle régularisation concerne à nouveau 164 000 étrangers, pour 250 000 demandes déposées, puis une nouvelle encore en 2002 après le vote de la loi d'août 2002 (184 000 régularisations pour 350 000 demandes).

Terre d'immigration nouvelle, dotée d'une frontière maritime étroite mais aussi d'une frontière terrestre avec l'Afrique (Ceuta et Melilla), l'Espagne est aussi aujourd'hui l'un des pays d'Europe au plus faible taux de natalité (1,2 enfant par femme). Les besoins de main-d'œuvre non qualifiée non pourvus sur le marché national offrent un espace aux migrants en provenance du Maroc, mais aussi d'Amérique latine et d'Europe de l'Est. En outre, comme en Italie, le système des quotas exerce un effet d'appel. Il est bureaucratique : déterminé par la direction générale des migrations au ministère du Travail et de la Sécurité sociale, depuis 2002, après consultation des employeurs et syndicats de chaque province, il est ensuite réparti entre 12 secteurs économiques et 52 zones géographiques (ce qui donne par exemple 5 300 travailleurs saisonniers agricoles pour Huelva dans le Sud de l'Espagne, mais aussi un travailleur dans les services pour Soria) [33]. La demande est tellement supérieure au quota fixé (par exemple, 97 000 demandes en 1999 pour 30 000 places disponibles), que les quotas servent souvent à régulariser des étrangers déjà présents depuis longtemps sur le territoire, dont par exemple la demande n'a pas été satisfaite lors de la dernière régularisation.

Fin août 2004, le gouvernement de José Luis Zapatero a annoncé, afin de répondre au problème lié à la présence de plusieurs centaines de milliers d'étrangers en situation irrégulière et de faciliter leur intégration, la régularisation de tous les étrangers en situation irrégulière qui pourront faire la preuve d'un contrat de six

---

33. L. Einaudi montre (« Le politiche di gestione dei flussi di immigrazione lavorativa in Europa : l'evoluzione delle politiche in Francia, Germania, Gran Bretagna, Italia e Spagna », *CNEL*, *op. cit.*, p. 42-43) que 82 % des travailleurs saisonniers sont affectés à l'agriculture tandis que 60 % des permanents sont affectés aux services (hôtellerie, transports, domestiques).

mois : 500 000 des 800 000 à 1 000 000 d'irréguliers estimés seraient concernés.

## Et la France ?

Vieux pays d'immigration, la France connaît aujourd'hui, comme le Royaume-Uni et l'Allemagne, une immigration légale essentiellement constituée d'immigration familiale – plus encore après la loi de 1998, alors que le nombre de réfugiés, au sens de la Convention de Genève, est faible et l'immigration de travail aussi [34]. Au total, en 2002, 124 000 étrangers non ressortissants de l'Union européenne (seuls soumis à la législation nationale) ont obtenu un titre de séjour à vocation permanente [35]. Si l'on ajoute les quelque 30 000 titres de séjour attribués à des Européens, on n'est pas loin du chiffre de 110 000 migrants net que le rapport de la Division de la population de l'ONU suggérait à la France (pays au plus fort taux de natalité d'Europe : 1,9) d'atteindre pour maintenir d'ici cinquante ans le niveau de sa population totale [36]. L'impact de la loi RESEDA votée par la gauche sous l'impulsion de Jean-Pierre Chevènement est important : 51 333 permis de séjour à vocation permanente avaient été délivrés en 1997 à des non-européens, dernière année de l'application de la législation Pasqua-Debré à ces étrangers, hors régularisation exceptionnelle.

Pour ce qui est de l'immigration temporaire, l'impact de la

---

34. En 2003, 50 200 conjoints de Français, 26 700 regroupement familial, 11 500 réfugiés ou familles de réfugiés et 6 500 travailleurs salariés.

35. Source : rapport « statistiques » du Haut Conseil à l'Intégration, année 2002. L'impact de la législation apparaît dans les premiers résultats de la collecte 2004 de l'enquête annuelle de recensement. Catherine Borrel et Jean-Michel Durr montrent que 4,5 millions d'immigrés de 18 ans ou plus résident en métropole en 2004, soit 9,6 % de la population contre 8,9 % en 1999 (*Insee Première*, n° 1001, janvier 2005).

36. Nations Unies, Population Division (2000), *op. cit.*

loi est, là encore, important. Le nombre d'étudiants étrangers accueillis dans les universités françaises a, entre 1997-1998 et 2003-2004, augmenté de 60 % [37]. Le nombre de demandes d'asile également : de 21 146 en 1997 à 51 090 en 2002, tandis que les demandes d'asile territorial passaient de 1 414 en 1998 à 28 372 en 2002. Cette augmentation que le gouvernement de la gauche n'avait pas prévue est le résultat d'un mauvais choix administratif. Pour traiter les demandes d'asile, une procédure rapide, gérée par des juges professionnels et indépendants, n'a que des effets vertueux : elle permet l'attribution rapide du statut à ceux qui ont besoin d'être protégés et dissuade dans le même temps la majeure partie des demandes infondées. L'oubli de ces réalités a conduit le gouvernement de gauche à confier l'instruction des demandes d'asile territorial au ministère de l'Intérieur, plutôt qu'à l'Office français de protection des réfugiés et apatrides (l'OFPRA, organisme spécialisé qui gère les demandes effectuées au titre de la convention de Genève), par crainte de son « libéralisme ». Résultat : une demande d'asile infondée pouvait être, jusqu'à novembre 2003, déposée deux fois – une fois devant l'OFPRA pour la convention de Genève et une autre fois devant le ministère de l'Intérieur pour l'asile territorial –, multipliant ainsi par deux la durée des procédures, et permettant de résider légalement en France plus de trois ans, même si au bout du compte la demande était rejetée.

Ajoutons enfin que le chiffre de 124 000 titres de séjour permanent intègre aussi les effets d'un mécanisme de régularisation continue (par opposition à « exceptionnelle ») et individuelle (par

---

37. 200 723 inscrits à l'université en 2003-2004 contre 122 190 en 1998-1999, parmi lesquels 144 720 ne sont pas bacheliers de l'enseignement français. La catégorie statistique d'étudiants étrangers regroupant des étrangers venus en France pour suivre des études et des enfants étrangers souvent de la seconde génération d'immigrés, l'étude de Claire Tessier, Maël Theulière et Magda Tomasi (« Les étudiants étrangers en France », *Les Dossiers* du ministère de l'Éducation nationale, n° 153, juin 2004) permet avec la catégorie des non-bacheliers d'approcher la catégorie « étrangers venus en France pour études ».

opposition à «collective»), «véritable instrument de gestion des flux migratoires»[38] institué, par analogie au mécanisme de la prescription qui existe par rapport à toute infraction, même les plus graves. Prenons l'exemple de la législation fiscale ou du code de la route. Si aucune sanction des fautes n'était prononcée, plus personne n'en respecterait les règles. Mais si les poursuites n'étaient jamais abandonnées, les citoyens auraient le sentiment de pouvoir en permanence être poursuivi et l'État prendrait une dimension quasi totalitaire. Dans le domaine de l'immigration, l'irrégularité du séjour entraîne, si l'étranger est interpellé, sa reconduite à la frontière. Mais lorsque les années s'écoulent, que l'intégration se produit, il vaut mieux permettre à l'irrégulier de réclamer et, moyennant la preuve de sa situation (liens de vie privée et familiale, dix ans de séjour, parents d'enfants français, maladies…), d'obtenir un titre de séjour[39]. Car l'expérience française (1981, 1991 et 1997) et surtout les expériences italienne et espagnole montrent qu'un nombre important de situations d'illégalités s'accumulant, une régularisation massive et exceptionnelle devient inévitable, avec tous ses effets pervers : une désorganisation de l'administration, l'afflux de candidats à la régularisation en provenance des pays voisins, et après celle-ci de nouveaux irréguliers. Après la réélection de Jacques Chirac en 2002, le nouveau ministre de l'Intérieur, Nicolas Sarkozy, a utilisé cet instrument de la régularisation individuelle pour répondre aux mouvements de sans-papiers, évitant ainsi une régularisation massive. Il a donc fait maintenir ce dispositif dans la législation française de l'immigration, lorsque celle-ci a été modifiée à son initiative par le Parlement en novembre 2003.

---

38. Danièle Lochak, «La politique d'immigration en France», in E. Bribosia et A. Rea (dir.), *les Nouvelles migrations, un enjeu européen*, Éditions Complexe, 2002, p. 223.

39. En 2002, ont ainsi été délivrés, pour plus de dix ans de résidence, 2 155 titres de séjour ; pour les étrangers arrivés avant l'âge de dix ans, 1 770 ; pour les parents d'enfants français, 7 087 ; au titre de la vie privée et familiale en France (art. 8 de la Convention européenne des droits de l'homme), 7 123 ; pour les étrangers malades, 3 370.

Car sous son impulsion la législation de l'immigration a été durcie, si l'on excepte la réforme de la double peine [40] : davantage de ressources exigées des touristes, moins de facilités pour le regroupement familial, conditions plus nombreuses et délais plus longs avant l'obtention de la carte de résident ou l'acquisition de la nationalité française par mariage ou par adoption. La loi accorde surtout aux maires de nouveaux pouvoirs : d'accorder ou de refuser un certificat d'hébergement rétabli ; de recevoir les futurs époux avant la célébration de leur mariage pour vérifier leur consentement ; de donner leur avis avant l'attribution d'une carte de résident. Une autre loi « Villepin » unifie les procédures de l'asile de la convention de Genève et celles de l'asile subsidiaire [41] et ouvre ces protections aux persécutions non étatiques, à la fois pour réduire les délais de traitement des demandes, et pour permettre la mise en place de listes de pays sûrs ou de l'asile interne [42]. Dès 2004, les résultats de cette législation se sont fait sentir : sans aucun doute, les lois Sarkozy et Villepin de 2003 vont avoir et ont déjà un impact sur le nombre de demandes d'asile et sur l'immigration de familles.

Faut-il alors aller plus loin et poser, comme le fait l'ancien ministre de l'Intérieur, « la question des quotas, c'est-à-dire d'une immigration choisie au lieu d'une immigration subie » [43] ? Ce serait – encore une fois – aborder un débat, peut-être légitime, de la pire des façons.

Hiérarchiser entre les immigrés légaux selon leur voie d'entrée en France, distinguer entre les bons – « ceux qui travaillent » – et les mauvais – « ceux qui ont des droits » –, c'est encore une

---

40. Certaines catégories d'étrangers – principalement ceux arrivés en France avant l'âge de treize ans – sont dorénavant mieux protégées contre l'expulsion ou l'interdiction du territoire.

41. Substitut de l'asile territorial.

42. Voir Olivier Mongin, « La quadrature du cercle républicain et la vocation migratoire, l'asile, le contrôle des flux migratoires et la volonté d'intégration », *Esprit*, février 2004, p. 61-77.

43. *Le Monde*, 13 janvier 2005.

fois exciter les tensions et la stigmatisation selon l'origine. Voilà un bien mauvais procès : si des réfugiés politiques, des bénéficiaires du regroupement familial ou des conjoints de Français sont admis sur le territoire après de multiples contrôles, c'est parce que la France a choisi de respecter des principes qui sont au fondement de son droit. Ces immigrés ont en outre le droit de travailler, tous les titres de séjour à vocation permanente permettant l'accès au marché du travail. Ils constituent tous les ans un apport important de main-d'œuvre active sur le marché du travail [44]. Il est sans aucun doute légitime de discuter d'une plus grande ouverture de la France à des étrangers venus directement pour travailler, mais ils ne viendront pas se substituer aux autres immigrés légaux, réfugiés et familles : ils s'y ajouteront dans des propositions en réalité limitées.

Depuis 1974, en raison de la situation de l'emploi, les autorités françaises se sont montrées particulièrement fermées, non seulement à la main-d'œuvre non qualifiée concurrente potentielle de la majorité des chômeurs, mais aussi à la main-d'œuvre qualifiée [45]. Dans certains secteurs (bâtiment, services), les entreprises sont pourtant à la recherche de main-d'œuvre pour des emplois que des chômeurs ne semblent pas vouloir prendre. Par ailleurs, les diplômés et les qualifiés de toutes nationalités sont aujourd'hui sur un marché mondial compétitif. L'expérience internationale est valorisante et valorisée. On apprécie qu'un jeune Français aille travailler aux États-Unis, au Japon ou en Afrique du Sud. Mais on s'empêche dans le même temps de recruter un Américain, un Japonais ou un Sud-Africain qui voudrait travailler en France. La France attire beaucoup, mais, à l'inverse du Royaume-Uni, de l'Allemagne ou

---

44. J.-F. Léger, « Les entrées d'étrangers sur le marché de l'emploi de 1990 à 2001 », *Revue européenne des migrations internationales*, vol. 20, n° 1, 2004, p. 7-30.

45. Par exception, les entreprises ont cependant eu le droit de recruter des salariés étrangers dès lors que leur rémunération atteignait un niveau particulièrement élevé (la rémunération doit être supérieure à 1 300 fois le minimum horaire garanti, soit 3 978 € mensuels bruts au 1er juillet 2004) ou dès lors qu'ils appartenaient à certaines nationalités (Vietnamiens, Cambodgiens, Laotiens, Libanais).

des Pays-Bas, elle continue de fermer sa porte aux étrangers qualifiés des pays de l'OCDE comme des pays du Sud.

Est-il légitime, demanderont certains, de n'ouvrir sa porte qu'à des qualifiés ou à certains métiers ? Pour ma part, je ne vois pas de raison de s'y opposer, car, comme l'explique Joseph H. Carens, dès lors qu'un État démocratique est libre de n'admettre aucun immigré pour raison économique, en admettre un certain nombre sur des critères objectifs – qualifications, diplômes – et non illégitimes – comme l'origine nationale – est moralement acceptable [46].

Mais si l'on veut ouvrir la France à plus d'immigration économique, l'expérience prouve que la méthode des quotas est la moins bonne des méthodes. Les quotas de non-qualifiés sont toujours dépassés et les quotas de qualifiés jamais atteints. Aux États-Unis, le quota pour des travailleurs non qualifiés est de 10 000 par an et la loterie annuelle de 50 000 visas attribués dans le monde pour assurer la diversité de l'immigration peut les concerner. Résultat : chaque année, 11 millions de personnes se portent candidates à la loterie et l'immigration illégale aux États-Unis est évaluée à 10 millions de personnes. En Europe, les deux pays – l'Italie et l'Espagne – qui ont choisi de recruter leurs travailleurs sur quotas, doivent organiser des régularisations à répétition et de plus en plus massives : 800 000 demandes en Italie en 2004 et probablement autant en Espagne en 2005, chiffres records depuis la grande régularisation américaine de 1986 !

Pour les qualifiés, les États qui utilisent ce système fixent des quotas qui ne sont jamais atteints : c'est le cas aux États-Unis (2 quotas de 40 000 chacun) et c'est ce qui s'est passé en Allemagne en 1999 quand le chancelier G. Schröder a annoncé l'attribution de 20 000 visas à des informaticiens étrangers. Comme ce ne sont pas les pouvoirs publics mais les entreprises qui décident et payent

---

46. Joseph H. Carens, « Who Should Get in ? The Ethics of Immigration Admissions », *Ethics & International Affairs*, Vol. 17, n° 1 (Spring 2003), p. 95-110.

les travailleurs qualifiés recrutés sur un marché mondial, le quota fixé à l'avance, décidé et géré par l'État, a pour effet de mettre en place une bureaucratie inutile chargée de répartir les quotas par région, département, etc.

En réalité, en France comme au Royaume-Uni, on sait ouvrir l'immigration aux qualifiés, sans tambour ni trompettes, quand on le veut, avec un maximum d'efficacité. Le 16 juillet 1998[47], le ministère du Travail a permis aux entreprises françaises confrontées à la préparation du «bug» de l'an 2000, de recruter des informaticiens étrangers. Jusqu'au début 2004, 6 374 ingénieurs informaticiens ont obtenu une carte de séjour à vocation permanente[48].

Entre-temps, une circulaire du 15 janvier 2002 a entrouvert la porte du marché du travail aux étudiants ayant achevé leur cursus universitaire et aux étrangers qualifiés sous réserve que le projet d'embauche, dans le cas d'un ressortissant du Sud, s'inscrive dans le cadre d'un projet de co-développement. Le problème principal est en réalité de mobiliser les services compétents et de supprimer les tâches inutiles. Or, les directions départementales du Travail ayant appris à ne dire que non depuis 1974 ont du mal à changer leurs habitudes. Les services chargés de la main-d'œuvre étrangère passent les trois quarts de leur temps à délivrer des autorisations de travail à temps partiel, en parallèle des études, aux étudiants qui les sollicitent[49]. Tâches fastidieuses et inutiles alors que, depuis juillet 1998, ils ont pour instructions de ne refuser «qu'exceptionnellement» cette autorisation. En outre, le 12 janvier 2004, l'instruction sur les informaticiens étrangers a été abrogée[50]. Enfin, à la différence du Royaume-Uni ou de l'Italie, la France n'a fait aucun geste à l'égard des ressortissants diplômés des nouveaux pays

---

47. Circulaire DPM/DM 2-3 n° 98-429 du 16 juillet 1998, relative au recrutement d'ingénieurs informaticiens étrangers.
48. 4 179 ont obtenu une autorisation provisoire de travail.
49. Voir Anna Moulin, «Étudiants étrangers et accès au travail», *Plein Droit*, mars 2005.

membres de l'Union européenne. Du coup, le nombre des autorisations de travail a, entre 2001 et 2003, baissé : 8 811 en 2001, 7 469 en 2002, 6 500 en 2003. Mais demain, un ou plusieurs arrêtés ministériels et une simplification des procédures suffiraient pour permettre aux entreprises françaises de recruter des diplômés ou des qualifiés ; à charge pour l'Administration de vérifier que les conditions de travail et de rémunération sont bien respectées.

## Immigration sédentaire et migrations de circulation

La réserve française à l'égard de l'immigration qualifiée a toutefois des racines historiques : un corporatisme raciste qui s'est développé dans les années 1930 et qui visait à réserver les métiers les plus qualifiés aux Français et à en empêcher l'accès aux étrangers réputés « inassimilables ». Ce corporatisme se pare aujourd'hui de tiers-mondisme : au nom du développement ou du co-développement, gauche et droite sont favorables à la venue d'étrangers dans l'enseignement supérieur. Mais il reste difficile pour un étudiant étranger diplômé d'une université française d'obtenir un titre de séjour, même s'il dispose d'une offre d'emploi de la part d'une entreprise [51].

Ce qui est incohérent et absurde. Car, si un étudiant étranger diplômé de nos universités ne veut pas rentrer chez lui, il ne rentrera pas. Africain, asiatique, sud-américain, il est dorénavant, à l'instar d'un diplômé européen ou nord-américain, sur un marché mondial. Et si la France le refuse, il recevra une offre d'embauche aux États-

---

50. Circulaire DPM/DMI 2 n° 2004-12 du 13 janvier 2004.

51. 5 851 étudiants étrangers ont obtenu en 2002 par un changement de statut un titre de séjour à vocation permanente (6 636 en 2001, dont pour 2 300 en tant que conjoint de Français). Source : ministère de l'Intérieur, AGDREF.

Unis, en Allemagne ou en Australie et sera «perdu» à la fois pour son pays d'origine et pour son pays de formation.

Il est cependant possible de réformer la politique à l'égard des étrangers qualifiés sans tomber dans le travers américain du *brain-drain* qui attire sans retour. Les étudiants diplômés étrangers recherchent un travail sur le marché français ou européen, souvent parce qu'ils ont besoin de ressources et d'expérience professionnelle avant de se lancer éventuellement dans une activité dans ou en direction de leur pays d'origine. S'ils rechignent ensuite à rentrer chez eux, c'est souvent par crainte de perdre, par un retour définitif, l'environnement culturel, scientifique ou entrepreneurial nécessaire au maintien, voire à l'accroissement de leur qualification. Il faut donc, à l'exemple des autres grands pays industrialisés, libéraliser le recrutement de diplômés hautement qualifiés, mais avec une «meilleure» offre, plus proche de leurs désirs et plus respectueuse – le cas échéant – des intérêts de leur pays d'origine. Il convient de faciliter – par des dispositifs d'aide à l'investissement et/ou l'attribution de visas permanents – leurs allers-retours volontaires (au rythme qu'ils auront choisi et que la France s'efforcera d'accompagner plutôt que de bloquer) entre leur pays d'origine et leur pays de formation. Développant ainsi des échanges intellectuels et des flux d'affaires, ils deviendront des agents privés du co-développement.

L'immigration est, pour l'État, un des enjeux de l'avenir et non un problème du passé. Nous ne croyons, à l'instar de Saskia Sassen [52], ni au maintien de l'État tel quel, ni à son dépérissement, mais à sa reconfiguration. L'État abandonne et abandonnera certains domaines, mais pour en conquérir d'autres. L'immigration est l'une de ses terres de conquête future. Et la politique de l'immigration, si complexe et si diverse, il devra y «investir» plus qu'il ne l'a fait dans le passé, afin de mieux coordonner la multiplicité

---

52. Saskia Sassen, *Losing Control, Sovereignty in an Age of Globalization,* New York, Columbia University Press, 1996.

des administrations concernées, de mieux prendre en considération les désirs des populations migrantes et d'apprendre, non plus seulement à contrôler les flux d'entrées, mais à gérer des allers-retours sur de longues périodes, dans une perspective de co-développement.

Ce droit à l'aller-retour, la loi française de 1998 l'a déjà créé pour les retraités : après quinze ans d'activité professionnelle en France, un étranger a droit à une carte de « retraité » qui lui permette de circuler librement entre son pays de naissance et celui où il a travaillé, sans crainte d'un refus de visa. Ainsi, il peut s'en retourner vivre ses vieux jours au pays d'origine en toute sécurité, puisqu'il dispose également du droit d'y percevoir sa retraite tout en gardant la possibilité de se faire soigner en France.

La facilitation des allers-retours, selon des régimes adaptés à chaque situation – pour des travailleurs qualifiés, mais aussi pour des saisonniers –, sera l'une des tâches nouvelles de la politique de l'immigration au XXIᵉ siècle [53]. Cela demandera les plus radicales innovations dans les pratiques administratives. L'État inerte issu du XIXᵉ siècle aimait les populations stables et les quotas. Il voulait qu'un immigré soit ici ou ailleurs, mais de façon durable et maîtrisée. L'État du XXIᵉ siècle, lui, devra réguler l'immigration plutôt que de chercher à la « contrôler » avec des instruments rigides et inadaptés. Il devra s'habituer à gérer les droits et les statuts de nationaux à l'étranger et d'étrangers sur son territoire, bref – aux côtés d'une immigration sédentarisée – de migrants en mouvement.

53. Voir Dana Diminescu, *Visibles mais peu nombreux, les circulations migratoires roumaines*, Paris, Éditions de la Maison des Sciences de l'Homme, 2003.

# CHAPITRE II

# Le paradoxe de l'intégration à la française

À certains égards, le terme « intégration » résonne dans le langage politique d'aujourd'hui comme une injonction venue d'en haut. La création d'un Haut conseil à l'intégration en 1989, la multiplication des rapports officiels semblent dire aux immigrés et à leurs enfants : « On a un problème avec l'intégration, avec *votre* intégration ». Il y a là comme un paradoxe : le terme intégration a été emprunté à la sociologie et préféré – en France, mais aussi en Europe et dans tous les pays d'immigration – à celui d'assimilation – processus d'adaptation dont le résultat recherché était la disparition dans la sphère publique des différences culturelles, stade ultime de l'acculturation [54].

L'intégration désigne en effet un processus multiforme, un ensemble d'interactions sociales provoquant chez des individus un sentiment d'identification à une société et à ses valeurs, grâce

54. Voir « Assimilation » *in* Guido Bolafi, Raffaele Bracalenti, Peter Braham et Sandro Gindro, *Dictionary of Race, Ethnicity & Culture*, Sage Publications, Londres, 2003, 19-22. Voir par exemple *First Annual Report on Migration and Integration*, Communication from the commission COM (2004), 508 Final.

auquel la cohésion sociale est préservée[55]. L'intégration est ainsi définie par Émile Durkheim comme le processus par lequel une société parvient à s'attacher les individus, les constituant en membres solidaires d'une collectivité unifiée[56].

Ce processus continu d'intériorisation de règles et de valeurs communes permet de socialiser, dans un cadre national, des citoyens appartenant à des entités géographiques, des classes sociales, des cultures ou des religions différentes. Quand il s'agit d'immigrés, c'est-à-dire de personnes nées étrangères et à l'étranger, elle se produit en relation avec l'État qui attribue des droits (séjour, nationalité, droits civils ou politiques) ou impose des obligations, mais implique surtout un « échange *mutuel* entre le migrant et la société d'accueil et comporte généralement plusieurs étapes (accommodement, adaptation et même conflits), sans toujours suivre un ordre préétabli[57] ».

Depuis plus d'un siècle, les populations qui ont immigré en France de Belgique, d'Italie, d'Espagne, de Russie, d'Allemagne ou du Portugal sont perçues comme s'étant intégrées dans la société française : au bout de deux générations, on pouvait difficilement distinguer dans la sphère publique le petit-fils ou la petite-fille d'un immigrant de l'enfant originaire d'une famille depuis longtemps française[58]. Ce processus ne s'était pas accompli en un jour, sans conflits, stigmatisation ni violences. Cela ne signifiait pas que les liens avec le pays d'origine avaient disparu. Au contraire, ils avaient pu se maintenir : usage de la langue maternelle, vie associative, traditions culturelles ou religieuses.

Qu'est-ce qui explique les difficultés rencontrées par les populations immigrées d'Afrique du Nord, d'Afrique noire ou d'Asie depuis les années 1960 ? Leurs enfants vont plus souvent et

55. Voir Fred Constant, *le Multiculturalisme*, Paris, Flammarion (« Dominos »), 2000, p.104.
56. Voir « Integration » *in* G. Bolafi *et allii*, *op. cit.*, p. 151-153.
57. *Ibid.*, p. 151-153.
58. Voir Gérard Noiriel, *le Creuset français*, Paris, Seuil, 1988, p. 211-230.

plus longtemps à l'école publique que les enfants des générations précédentes : la durée de la scolarité obligatoire s'est allongée et les écoles italiennes et polonaises qui existaient avant guerre n'ont pas d'équivalents aujourd'hui. Eux-mêmes ont le droit d'association et une protection sociale dont ne bénéficiaient pas les immigrés des années 1930.

Mais pour la première fois depuis que la France est un pays d'immigration, les immigrés, leurs enfants et même leurs petits-enfants doivent affronter depuis trente ans un chômage persistant. Ceux des années 1930 avaient pourtant connu la crise et le chômage qui avaient provoqué le rapatriement forcé de quelques dizaines de milliers d'entre eux vers leur pays d'origine. Mais la Seconde Guerre mondiale avait complètement rebattu les cartes. Dans la foulée de la Libération, l'élan de la Reconstruction, les immigrés qui étaient restés et ceux qui sont arrivés alors ont trouvé leur place sur le marché du travail, puis dans la société. Aujourd'hui, le chômage persistant et structurel exacerbe les tensions sociales, la xénophobie, accentue le repli sur les réseaux primaires de socialisation et laisse aux immigrés moins de ressources qu'aux autochtones. Or, loin de compenser ces difficultés particulières, d'autres facteurs sont venus se cumuler soit pour diminuer encore ces ressources, soit pour dresser des obstacles au processus d'identification.

Tout d'abord, l'abandon des immigrés d'après guerre sur le marché du logement précaire et insalubre n'a jamais pu être rattrapé quand le chômage s'est développé à partir de 1974. Or, de la qualité des logements affectés aux familles et du lieu de leur affectation dépendent grandement la réussite scolaire des enfants et leur possibilité de promotion sociale [59]. Ensuite, quand le droit au séjour s'est trouvé enfin garanti en 1984, c'est le droit de la nationalité qui s'est vu contesté ; et si son ouverture a été finalement maintenue voire étendue, c'est encore une fois au terme d'un affrontement

---

59. Voir Éric Maurin, *le Ghetto français. Enquête sur le séparatisme social*, La République des Idées / Le Seuil, 2005.

et après une période de restriction qui ont laissé le goût amer d'une concession sans enthousiasme. Enfin, plus récemment, c'est la liberté de conscience et l'inclusion de toutes les croyances dans la laïcité qui donnent matière à de nouveaux affrontements, illustrant encore une fois cette difficulté bien française à conjuguer égalité et diversité. Certes, d'aucuns jugeront qu'au bout du compte le solde de cette histoire est plutôt positif. Mais les chemins empruntés pour y parvenir ne sont pas neutres : les méandres du parcours laissent des traces. En épousant un double mouvement d'avancées et de réticences, d'ouvertures et de replis, cette intégration à la française a créé chez ses bénéficiaires les conditions d'un bien compréhensible ressentiment au moment même où la porte leur était ouverte. Ce fut à bien des égards une *intégration à double sens* dont les ambiguïtés se paient parfois aujourd'hui au prix fort.

## Des bidonvilles à la relégation spatiale

Le premier âge de cette histoire fut marqué par des logiques contradictoires de dispersion et de séparation des populations immigrées, ou plus exactement par la tension entre le choix affiché de la dispersion et la pratique avérée de la séparation et de la concentration.

Avant la Seconde Guerre mondiale, une partie des immigrés recrutés dans les pays européens, par l'intermédiaire d'une société patronale, la Société générale d'Immigration (SGI), étaient souvent logés par leur employeur à proximité de leurs lieux de travail. Or, après la guerre, parallèlement à la disparition de la SGI et à la création de l'Office national d'Immigration, le patronat n'assure plus, à quelques exceptions près, le logement de ses salariés étrangers. Quant à l'action publique pour le logement des immigrés, elle est presque inexistante. Certes, à la fin des années 1950, ils mettent en chantier des foyers pour salariés célibataires algériens – construits et gérés par l'intermédiaire de la Sonacotral, société spécialisée dans le logement de travailleurs musulmans d'Algérie. L'objectif est que ces Algériens ne procèdent pas à des regroupements familiaux. Mais ces initiatives restent marginales au regard des besoins qui sont immenses [60]. Les immigrés qui affluent vers la France s'installent alors, pour la grande majorité d'entre eux, dans l'ancien parc immobilier des centres-villes, le plus souvent dans des logements insalubres dont certains peuvent être acquis à bon marché et « squattérisés », ou encore dans des hôtels meublés où ils sont la proie des marchands de sommeil [61].

À partir des années 1960, les opérations de rénovation des centres-villes rejettent de nombreux occupants de ces habitations vers des zones périphériques, souvent d'anciennes zones agricoles non encore urbanisées, où ils se regroupent par nationalités : le bidonville de Nanterre est peuplé de travailleurs maghrébins, ceux de Saint-Denis et de Champigny de Portugais [62]. En 1966, une étude du ministère de l'Intérieur comptabilise en Région parisienne 46 827 personnes dans 119 bidonvilles [63]. Ces mini-villes à la périphérie des grandes agglomérations, points de rencontre, d'accueil et de logement des nouveaux immigrants, se développent aussi à Marseille, Bordeaux ou Nice.

Certes, en 1964, l'État se dote de quelques moyens juridiques et financiers propres à reloger ces travailleurs et éventuellement leurs familles dans des foyers pour célibataires ou des cités de transit pour les familles ; mais l'application tarde. Et si, à l'époque, trouver des terrains pour la construction de foyers n'est pas diffi-

---

60. Marc Bernardot, « Chronique d'une institution : la Sonacotra, 1956-1976 », in *Sociétés contemporaines*, n° 33-34, avril 1999, p. 39-58.
61. Sur l'analyse de l'histoire de la politique du logement des immigrés, voir Jacques Barou, « Immigration et enjeux urbains », in *Pluriel*, n° 24, 1980, p. 3-20.
62. Voir Françoise de Barros, *l'État au prisme des municipalités. Une comparaison historique des catégorisations des étrangers en France (1919-1984)*, thèse de science politique, université de Paris 1, 2004.
63. M. Bernardot, art. cité, p. 43.

cile, les moyens de financement demeurent très insuffisants pour répondre à la demande.

Le coût économique d'une telle politique incite d'ailleurs l'État d'accueil à ne pas agir, son intérêt convergeant souvent avec celui de l'État d'origine. En témoigne une conversation entre Houari Boumediene et l'ambassadeur de France à Alger, quelques mois après l'arrêt de l'émigration algérienne, en janvier 1974. Le président algérien fait part à son hôte de son attachement à voir des mesures prises rapidement en faveur des ressortissants de son pays qui ont été l'objet d'actes de racisme. Et il ajoute :

> Je ne pense pas à ces mesures qui sont souvent évoquées, qui concernent l'amélioration de la formation professionnelle ou de leurs conditions de logement. Il est de bonne guerre de demander tout cela. Mais, après tout, si les Algériens vivent en France dans des bidonvilles, beaucoup vivent en Algérie dans des conditions de vie pires encore. D'ailleurs, quand on quitte son pays pour gagner sa vie, cela sert à faire le plus d'économies possible et du même coup on accepte de vivre pauvrement ou même misérablement. Mon souci, je le répète, est celui de la dignité et de la sécurité des personnes. [64]

L'objectif de résorption des bidonvilles s'accélère, à la suite d'un incendie dans un taudis, survenu à Aubervilliers dans la nuit du 1er janvier 1970, au cours duquel cinq travailleurs maliens trouvent la mort. Cet incendie agit comme un révélateur si puissant que le gouvernement décide de mettre en place un Groupe d'intervention publique pour la résorption de l'habitat insalubre. Ce GIP, créé dans l'année 1970, est doté de nouveaux moyens juridiques et financiers, destinés à faire disparaître la plupart des bidonvilles en trois ou quatre ans. Cette action tombe à point nommé : les bidonvilles se trouvent sur des terrains devenus constructibles, sur lesquels les promoteurs immobiliers souhaitent investir. Une

---

64. Archives du ministère des Affaires étrangères. Voir P. Weil, *la France et ses étrangers, op. cit.*, p. 94.

loi est également votée, permettant de lutter contre « les marchands de sommeil ».

Le relogement des immigrés des bidonvilles dans des logements sociaux passe par une phase intermédiaire : la cité de transit. Dans ces logements en principe provisoires [65], appartenant à la catégorie de l'habitat d'urgence apparue en 1952, à la suite des campagnes menées par l'abbé Pierre [66], les familles sont censées apprendre à « se conformer à un modèle de vie et d'habitat perçu comme dominant dans la société française ».

Ensuite, il s'agit de les faire entrer dans le parc social. À cet effet, Paul Dijoud, secrétaire d'État aux travailleurs immigrés, obtient, sous la menace de la création d'une taxe directement gérée par l'État, la création de ce que l'on a appelé le « 0,1 % logement ». Depuis 1953, les entreprises de plus de dix salariés sont assujetties chaque année à une taxe parafiscale représentant 1 % de leur masse salariale, dont le produit doit être affecté spécifiquement à l'effort de construction. Elles versent cette taxe à des organismes collecteurs, essentiellement les Comités interprofessionnels du logement (CIL), qui répartissent les fonds ainsi perçus, le plus souvent sous la forme de prêts à long terme ou de subventions accordés au premier chef aux organismes HLM Ces derniers s'engagent en échange à réserver un contingent de logements aux salariés des entreprises cotisantes. C'est 10 % de cette cotisation de 1 % que le secrétaire d'État obtient d'affecter en priorité au logement des immigrés. Ces sommes devront être utilisées soit pour la construction, l'amélioration ou l'extension de foyers pour célibataires, soit pour des opérations de logement ou de déconcentration de familles étrangères

---

65. Voir les deux circulaires du ministère de l'Aménagement du Territoire, de l'Équipement, du Logement et des Transports qui vont concerner les immigrés, l'une, du 26 août 1971, relative au relogement des personnes en provenance d'habitations insalubres ; l'autre, du 19 avril 1972, relative aux cités de transit.

66. Voir Jean-Paul Tricart, « Genèse d'un dispositif d'assistance : les cités de transit », in *Revue française de sociologie,* n° 18, 1977, p. 601-624.

dans certains ensembles immobiliers. Entre le 1ᵉʳ janvier 1976 et
le 31 décembre 1988, 10,917 milliards de francs sont ainsi consa-
crés au 0,1 % logement affecté aux immigrés.

L'alternative dans ce domaine est alors la suivante : politique
de dispersion de la population immigrée ou politique de concentration [67]? Les pouvoirs publics choisissent très vite la dispersion,
qui implique, sinon l'idée d'un seuil de tolérance, du moins celle
d'un seuil d'intégration. Introduit dans une cité à dose homéopa-
thique, l'étranger sera, croit-on, noyé dans la population française,
amené à s'adapter, c'est-à-dire à se conformer aux usages majori-
taires [68]. À l'inverse, s'ils sont trop nombreux, sans doute parce que
le rapport de force est différent, les étrangers peuvent avoir des
comportements ressentis par les Français comme une gêne, voire
comme une agression. Entre les quotas et les ghettos, on choisit
très clairement les quotas. On mobilise au service de cette option
les organismes de construction et de gestion de logements sociaux.
La garantie, mais aussi le non-dépassement d'un certain seuil
de présence de familles culturellement étrangères dans chaque
immeuble, va devenir un des fondements de la politique nationale
du logement des immigrés.

Le moyen d'action principal n'est donc pas la construction
d'immeubles ou de cités réservés aux familles d'immigrés, mais la
réservation de logements dans des immeubles construits par des
organismes HLM. En contrepartie d'une contribution financière à
des opérations immobilières effectuées par l'organisme, celui-ci
s'engage à attribuer durablement à des immigrés un certain nombre
de logements de son patrimoine. L'accord peut également prévoir
des déconcentrations dans les ensembles immobiliers lorsque s'y
trouve déjà une forte densité d'immigrés.

---

67. Cette alternative est relevée par Abdelmalek Sayad dans « Le Logement des
familles immigrées », in *le Groupe familial,* n° 114, janvier 1987, p. 61.
68. Véronique de Rudder, « La Tolérance s'arrête au seuil », in *Pluriel,* n° 21,
1980, p. 3-13.

L'État met d'importants moyens financiers au service de cette politique [69] : ils seront détournés de leur objectif. Car, au moment où les crédits sont engagés, l'état du parc HLM des années 1960 est déjà dégradé, et les classes moyennes qui l'occupent cherchent à le quitter : la progression rapide de leurs revenus leur permet souvent de s'installer dans des habitations plus spacieuses et plus modernes. Ces deux phénomènes contribuent conjointement à l'obsolescence rapide des grands ensembles.

Pour les organismes chargés de les affecter, les 500 millions annuels du 0,1 % vont représenter une aubaine. En échange de cet argent, on leur demande de s'engager à respecter des quotas : contrat qu'ils signent sans réserve. Quelques mois plus tard, l'organisme peut présenter aux pouvoirs publics un bilan global positif : il s'était promis de loger en capacité supplémentaire $x$ étrangers ; ils l'ont été. Il s'était engagé à ne pas en loger plus de 10 ou 20 %. Globalement, en considération de la totalité de leur parc, l'engagement est tenu. Mais par immeuble, par cité, voire par quartier, ce n'est pas du tout le cas. Au contraire du projet initial, on a rempli les appartements vides des grands ensembles les plus dégradés avec des familles immigrées, sans considération de la concentration des étrangers dans les immeubles.

Ainsi, les logements attribués aux immigrés ne sont pas ceux que le 0,1 % a permis de construire ou d'améliorer. Grâce au financement accordé, des immeubles neufs sont bâtis ou réhabilités et proposés à d'autres candidats à la location. Souvent, le 0,1 % finance même un « droit de suite », c'est-à-dire le simple remplacement dans un logement de familles immigrées par d'autres familles immigrées ! Car les conventions signées ne permettent pas souvent aux pouvoirs publics de mesurer exactement la capacité de loge-

---

69. Pierre Consigny, J. de Rango et Marie-Thérèse Join-Lambert, *Mission sur l'intervention publique dans le domaine du logement des populations immigrées*, rapport de l'Inspection générale des finances, de l'Inspection générale de l'équipement et de l'Inspection générale des affaires sociales, 1989, document ronéoté.

ments supplémentaire. En outre, la durée des réservations n'ayant pas toujours été précisée, le financement de la location d'un logement à la même famille étrangère peut être renouvelé chaque année, le coût de chaque réservation variant de 20 000 à 50 000 francs.

Ces recettes supplémentaires contribuent à réduire les difficultés des organismes HLM, au prix d'un véritable détournement de fonds publics. Il a pour conséquence le résultat inverse de celui qui était initialement recherché : la concentration des immigrés dans des cités HLM dégradées.

À partir de 1981, les politiques suivies et la création des contrats d'agglomérations consistent à privilégier la rénovation des lieux où les gens habitent, c'est-à-dire, selon l'expression de Jacques Donzelot, à « refaire la ville sur place » plutôt qu'à « mettre les gens en mouvement » [70]. Mais la crise économique s'avérant durable, elles n'empêcheront pas que le chômage croissant contribue à faire de cette concentration une relégation à la fois sociale et spatiale.

## Après le droit au séjour, la nationalité...

Les ambiguïtés des politiques d'intégration à la française allaient s'illustrer dans un autre domaine : celui du droit de la nationalité. Au milieu des années 1980, on sort alors à peine de dix années d'incertitude sur l'avenir des immigrés arrivés en France avant 1974. Pendant ces années, les crédits du Fonds d'action sociale ont été réorientés [71]. Ceux qui favorisaient le retour ont été augmentés, tandis que ceux qui facilitaient l'installation se rédui-

---

70. Jacques Donzelot (avec Catherine Mével et Anne Wyvekens), *Faire Société. La politique de la ville aux États-Unis et en France*, Paris, Seuil, 2003.

71. Le Fonds d'action sociale a été et reste sous une autre dénomination (Fonds d'action et de soutien pour l'intégration et la lutte contre les discriminations) le principal instrument de la politique d'intégration des immigrés.

sent : l'Association pour l'enseignement des étrangers, principal organisme d'alphabétisation, ferme ses portes en 1977[72].

Mais, à l'issue de la « marche des Beurs », le 3 décembre 1983, Toumi Djaja a pu annoncer sur le perron de l'Élysée que François Mitterrand avait accepté l'instauration d'un titre unique de dix ans, garantie d'un séjour stable pour ces immigrés légaux, indépendamment de leur nationalité. Le 25 mai 1984, en première lecture, l'Assemblée nationale unanime a voté ce projet. Jean Foyer, ancien garde des Sceaux, déclare au nom du RPR :

> ce projet [...] constitue une réforme utile, bienfaisante et justifiée. Il faut reconnaître en effet que notre système de cartes n'était pas d'une très grande efficacité et que cette procédure de « mise en carte », si j'ose dire, aboutissait à créer un état d'insécurité pour ceux qui y étaient soumis. Ils étaient obligés à bien des formalités, et n'étaient pas toujours bien reçus à cette occasion.

Le vote divergent en seconde lecture, dû à l'effet politique du score réalisé par le Front national aux élections européennes, ne remet pas en cause l'adoption du texte. La représentation nationale constate et accepte à une large majorité le caractère inéluctable de l'installation de l'immigration étrangère régulière, et l'impossibilité dans le domaine du retour d'aller plus loin qu'une simple invitation au volontariat.

Mais à peine le séjour est-il stabilisé que, par un transfert d'agenda, ceux qui s'étaient battus pour le rapatriement forcé de certains immigrés se reportent sur la nationalité de leurs enfants. Ce sont encore une fois les Algériens qui sont visés en premier lieu. Pour eux et pour leurs enfants, la nationalité est au cœur d'interrogations complexes. Français depuis 1848 jusqu'à la fin de la colonisation, mais d'une nationalité dénaturée, ils deviennent en majorité algériens au moment de l'indépendance de l'Algérie

---

72. Ce n'est que 25 ans plus tard, en 2002, qu'une politique systématique d'accueil de l'immigré est remise à l'ordre du jour. Voir O. Mongin, *art. cité*, et Anne Bisson, « Le contrat d'accueil et d'intégration », *Regards sur l'actualité*, n° 299, p. 41-51.

en 1962. Mais leurs enfants nés en France sont le plus souvent pleinement français dès leur naissance par l'effet d'une disposition présente dans le droit de la nationalité depuis 1889, le double droit du sol. Celui-ci attribue automatiquement la nationalité à l'enfant né en France d'un parent né en France[73]. Or, comme l'Algérie était française avant 1962 et que ces enfants sont le plus souvent nés en France après 1962 de parents nés en Algérie avant cette date, ils sont français. Ces enfants sont aussi algériens et leurs parents ont parfois combattu pour l'indépendance de leur pays. Cette disposition qui s'impose, sans possibilité de répudiation (possibilité laissée, par exemple, aux enfants nés de parents marocains[74]), ne va pas sans créer des difficultés. Certains avaient voulu refuser cette nationalité française. Mais ils l'ont finalement acceptée à partir de 1983 dans le contexte de l'abandon du « mythe du retour » par leurs parents, par l'Algérie et par la France[75]. Une évolution s'est donc produite chez ceux qui, quelques années auparavant, pouvaient clamer leur refus d'être français « malgré eux », évolution finement analysée par Abdelmalek Sayad :

> Les bénéficiaires de la nationalité [française] acquise sans l'avoir demandée au préalable s'en accommodent bien, et ce ne sont pas les protestations de circonstance (qui peuvent être parfaitement sincères par ailleurs) qui peuvent convaincre du contraire. Leur entourage, qui n'aurait pas accepté l'acte de naturalisation selon la procédure ordinaire, se montre soulagé, après coup, que la nationalité française (les « papiers français », comme on dit) soit advenue d'elle-même, telle une contrainte imposée collectivement : c'est le lot commun de tous et non pas le résultat d'un acte individuel et volontaire par lequel certains se singulariseraient et se sépareraient des autres. [...] En dépit des protestations de toutes

---

73. Article 23 du code de la nationalité.

74. L'enfant né en France d'un parent étranger non né en France peut renoncer à la nationalité française dans les six mois qui précèdent sa majorité. L'enfant né en France d'un parent né en Algérie avant 1962 est irrémédiablement français en raison du système du double *jus soli*.

75. Un accord sur le service national a aussi facilité la résolution des problèmes.

sortes qu'il est de bon ton de proclamer, en dépit du sentiment de culpabilité ou de simple malaise qui continue à habiter les naturalisés, la naturalisation qu'on dit «forcée» finit par susciter comme une satisfaction qui, pour toute une série de raisons, demande à rester secrète et, parfois, résignée[76].

C'est à ce moment-là qu'à droite un livre publié en 1984 par Alain Griotteray (alors député UDF et chroniqueur régulier au *Figaro Magazine*), *Les Immigrés: le choc,* lance le débat[77]. Il s'interroge sur la possibilité d'assimiler des immigrés venus d'une culture trop différente, celle de l'islam, et sur leur désir même d'assimilation. Il refuse une France multiraciale et souhaite que, par une réforme du Code, la nationalité soit dorénavant «choisie» et non plus «subie». Et il propose le remplacement du *jus soli,* qui attribue la nationalité automatiquement aux enfants nés en France de parents étrangers, par un acte volontaire qui ne prendrait valeur juridique que sous condition de «bonne intégration». Au printemps 1985, une réforme radicale du code de la nationalité – peu éloignée de l'approche du Front national[78] – est donc inscrite dans la plate-forme commune du RPR et de l'UDF, en vue des élections législatives: «La nationalité devra être demandée et acceptée: son acquisition ne saurait résulter de mécanismes purement automatiques[79].» Après la victoire de la droite aux élections législatives de 1986, plusieurs propositions de loi sont déposées sur le bureau du Parlement. Celle du groupe RPR[80] est radicale: elle envisage

---

76. A. Sayad, *la Double Absence. Des illusions de l'émigré aux souffrances de l'immigré,* préface de Pierre Bourdieu, Paris, Seuil, 1999, p. 352.

77. Éditions Plon. Comme le note Rogers Brubaker (in *Citoyenneté et nationalité en France et en Allemagne,* trad. J.-P. Bardos, Paris, Belin, 1997, p. 245), la proposition déposée en 1983 par Alain Mayoud n'avait pas eu le même écho.

78. Voir Jean-Yves Le Gallou et Jean-François Jalkh, *Être français, cela se mérite,* Paris, Albatros, 1987.

79. Voir Yvan Gastaut, *l'Immigration et l'opinion en France sous la V$^e$ République,* Paris, Seuil, 2000, p. 546-547.

80. Proposition de loi tendant à réformer le code de la nationalité déposée au nom du groupe RPR par M. Pierre Mazeaud, n°183, 4 juin 1986. Voir Le Pen, n°82, 21 avril 1986. Mayoud, 23 avril 1986, n°70.

la suppression du *jus soli* présent dans le droit français depuis 1889. L'instauration d'un strict *jus sanguinis* obligerait tous les enfants nés en France de parents étrangers à demander leur naturalisation. Quelques mois plus tard, le projet présenté par Albin Chalandon va beaucoup moins loin : il prévoit que l'enfant né en France de parents étrangers, qui jusque-là devenait français quasi automatiquement le jour de sa majorité, soit désormais dans l'obligation de le réclamer. Mais le double droit du sol est maintenu d'autant plus que sa suppression rendrait extrêmement difficile pour la majorité des Français la simple preuve de leur nationalité[81]. Cette réforme n'aboutit qu'en 1993, après que le gouvernement de Jacques Chirac eut été obligé le 15 janvier 1987 de retirer son projet et qu'une commission de sages réunie autour de Marceau Long, vice-président du Conseil d'État, en eut réduit la portée et les effets en proposant notamment que le jeune né en France de parents étrangers, sans devenir automatiquement français, puisse le devenir sans difficulté, par simple déclaration effectuée auprès d'une autorité administrative, à partir de l'âge de seize ans[82].

Cela ne satisfaisait pas ceux qui refusaient l'intégration d'environ 400 000 enfants d'Algériens dans la nationalité française. Pour eux, c'était le double droit du sol qu'il fallait abolir. En septembre 1991, Valéry Giscard d'Estaing avait d'ailleurs proposé à nouveau, dans *Le Figaro Magazine*, de supprimer toutes les dispositions du code qui permettent d'attribuer la nationalité par la naissance en France (*jus soli*). Mais finalement le Parlement sur proposition de Pierre Mazeaud avait entériné en 1993 les propositions de la commission Long, en les durcissant cependant sur certains points[83]. La gauche de retour au pouvoir, rétablit en 1998 le mécanisme en vigueur depuis 1889 qui prévoit qu'à dix-huit ans, tout enfant né

---

81. Projet de loi n° 444, Assemblée nationale, le 12 novembre 1986.
82. *Être Français aujourd'hui et demain*, rapport de la Commission de la Nationalité au Premier ministre, Paris, Ed. UGE, 1988.
83. Voir P. Weil, *Qu'est-ce qu'un Français ? Histoire de la nationalité française depuis la Révolution*, Paris, Grasset, 2002, p. 176.

en France d'un parent étranger soit français, s'il réside toujours en France et s'il y a résidé pendant son adolescence. La résidence de cinq ans toujours exigée peut dorénavant être discontinue entre l'âge de onze ans et de dix-huit ans. En outre, le jeune peut ne pas attendre dix-huit ans. Dès l'âge de treize ans, il peut manifester sa volonté d'être français[84]. Et s'il ne veut pas être français, dans les six mois qui précèdent son dix-huitième anniversaire et surtout pendant l'année qui le suit – alors donc qu'il est majeur –, l'adolescent peut déclarer qu'il veut rester étranger et décliner la qualité de Français. Aujourd'hui, la logique d'intégration progressive des enfants et petits-enfants d'immigrés, inscrite dans le droit de la nationalité française depuis 1889, ne semble plus remise en cause.

Mais ces quinze années de vifs débats ont produit leurs effets. Voici ce que décrit Stéphane Beaud, parlant d'un des jeunes, «Nassim», qui font l'objet de sa récente enquête sociologique publiée dans *80% au bac... et après?* :

> Enfin, son rapport à l'Algérie ne peut non plus se comprendre indépendamment de l'histoire collective de sa génération. L'Algérie restera pour Nassim, quoi qu'il en soit, «son» pays, c'est-à-dire celui où jamais personne ne pourra lui contester le droit d'habiter, où il est "naturellement" (et juridiquement) "chez lui". Cette revendication d'appartenance à l'Algérie prend corps dans la France des années 1986-1995... Ce sont des années pendant lesquelles, on le voit bien avec le recul, les enfants d'immigrés maghrébins, visés en premier par la réforme du code de la nationalité, ont senti en quelque sorte qu'ils étaient devenus indésirables sur le sol français, qu'ils étaient tout juste tolérés. C'étaient aussi des années où ceux qui, nés en France de parents algériens, ont dû apprendre à se considérer à leur corps défendant comme des "Français de papier"[85].

Comment expliquer en 1993 – dix ans après la «marche des Beurs» qui pouvait signifier une demande ou une manifestation

---

84. L'autorisation des parents est nécessaire entre treize et seize ans.
85. Stéphane Beaud, *80% au bac... et après? Les enfants de la démocratisation scolaire*, Paris, La Découverte, 2002, p. 267.

d'appartenance à la France – cette mise à distance et ce «retour» dans la patrie des pères ? Les difficultés jamais vaincues pour trouver un logement ou un emploi, l'exposition quotidienne dans la cité ou sur les lieux de travail à la discrimination et au racisme ? Le profond sentiment d'injustice lié au fait d'être traité différemment des enfants des premières générations d'immigrés, italiens, polonais, espagnols ou portugais ? Certainement ces débats ont-ils contribué à interrompre un processus d'identification qui était en cours et même à provoquer une «désidentification». Même si les enfants d'Algériens n'étaient pas concernés pratiquement par cette réforme (ils étaient pour la majorité français depuis leur naissance par l'effet du double *jus soli*), ils se sont à juste titre sentis visés symboliquement.

Je ne peux cependant m'empêcher de penser que l'extrême sensibilité à ce débat et à cette réforme du droit de la nationalité, et le choc qu'il a pu engendrer tenaient à une dimension absente des discussions politiques. À droite, on a demandé aux enfants d'Algériens de manifester leur volonté d'être français. Cela pouvait paraître légitime dans un débat strictement métropolitain. Pour les descendants des musulmans d'Algérie, cependant, cela les ramenait symboliquement à un statut antérieur, celui que leurs parents avaient subi en Algérie. Ceux-ci en effet ne pouvaient devenir pleinement français sans l'avoir demandé. Et ceux qui, à gauche, avaient proposé parfois de leur accorder la citoyenneté sans la nationalité avaient, d'une certaine manière sans le savoir, bouclé la boucle de la régression algérienne. La citoyenneté sans la pleine nationalité, c'était ce qu'avaient proposé Blum et Viollette pour contourner le débat sur la pleine nationalité. Ainsi, dans ces années 1980-1990, un débat qui avait déjà eu lieu en Algérie avait donc été transféré, comme le montre finement Benjamin Stora[86], de l'ancienne colonie à la métropole.

---

86. Benjamin Stora, *le Transfert d'une mémoire. De l'«Algérie française» au racisme anti-arabe*, Paris, La Découverte, 1999.

On se doit cependant de constater que, si des batailles aux résonances similaires avaient eu lieu, leur résultat en France avait été inverse de ce qu'il avait été en Algérie, et que l'égalité des droits avait triomphé sur la différence et l'infériorité. On devait et l'on doit encore remarquer que le droit de la nationalité français est aujourd'hui l'un des plus ouverts d'Europe et qu'il facilite l'accès des immigrés et de leurs enfants à la nationalité :

1. La quasi-totalité des enfants nés en France de parents étrangers acquièrent la nationalité française s'ils se trouvent en France au moment de leur adolescence – la majorité de façon volontaire[87].

2. 90 % des conjoints de Français qui sollicitent la nationalité française l'obtiennent. La plupart des États obligent les conjoints étrangers de leurs concitoyens à demander la naturalisation s'ils veulent acquérir leur nationalité et à résider sur le territoire de leur État[88]. Ce n'est pas le cas en France. Un conjoint étranger de Français peut acquérir la nationalité française par une simple déclaration effectuée après deux ans de mariage, ou trois ans si l'étranger n'a pas résidé pendant au moins un an en France à compter de son mariage. Un an après l'enregistrement de la déclaration, la nationalité est acquise, sauf refus d'enregistrement ou opposition du gouvernement[89].

---

87. En 2002, 30 262 jeunes de 13 à 18 ans ont choisi d'acquérir la nationalité française avant 18 ans. Environ 15 245 ont acquis la nationalité à 18 ans (étant automatiques, les acquisitions à 18 ans ne peuvent faire l'objet d'un dénombrement direct ; une estimation peut cependant être réalisée à partir du dénombrement des certificats de nationalité délivrés à ces jeunes lorsqu'ils atteignent 18 ans). Enfin 110 jeunes ont décliné la nationalité française entre 17 ans et demi et 19 ans. En 1993, la dernière année de l'existence de cette procédure – avant son interruption entre 1994 et 1998 –, 1 611 jeunes avaient de la même manière refusé la nationalité française. Sources : Ministère des Affaires sociales et de la Justice.

88. Souvent, la durée de résidence minimale exigée est réduite par rapport à une naturalisation de droit commun (trois ans au lieu de cinq aux États-Unis, aux Pays-Bas ou au Royaume-Uni).

89. En 2003, pour 29 608 décisions favorables, 1 314 enregistrements ont été refusés – soit 9,3 % du total des décisions prises – en raison de l'absence d'une condition

3. Pour ce qui est de la naturalisation – procédure concernant l'étranger né à l'étranger et venu résider en France –, plus de 70 % des demandes reçoivent une réponse favorable, mais l'administration fait peu de publicité pour la procédure et les délais de traitement sont longs, particulièrement dans les préfectures. La durée moyenne de séjour en France au moment de la naturalisation est de 17,8 ans[90].

4. Enfin, l'accès d'un étranger à la nationalité française est facilité par la traditionnelle indifférence de la France au phénomène de la double nationalité. Pratiquement, depuis les années 1920, la France a toujours accepté, comme la Grande-Bretagne, la conservation de la nationalité ancienne par la personne qui accédait à sa propre nationalité[91]. Tout juste a-t-elle prévu un mécanisme de déchéance, réserve de souveraineté que l'État conserve dans des circonstances exceptionnelles.

Ainsi, au total, 130 000 étrangers deviennent français chaque année. Mais cette réalité objective ne peut masquer le fait qu'encore une fois, confrontée à la diversité, une partie de la société française a voulu rompre le principe d'égalité, et revenir sur une tradition séculaire de droit du sol qui signifiait intégration dans la nationalité, indépendamment des origines. Et ce refus de la diversité, cette incapacité de percevoir la sensibilité particulière de futurs

légale de réalisation du mariage : défaut de communauté de vie (38,2 % des décisions prises) ou nullité du mariage, par exemple. En outre, 94 décrets d'opposition ont été signés par le gouvernement (99 saisines du CE, 93 avis favorables, 6 avis défavorables).

90. Voir Sous-direction des naturalisations, *la Politique de la nationalité en 2000 : données chiffrées et commentaires,* ministère de l'Emploi et de la Solidarité, 2001, p. 112-113.

91. Le phénomène de la double nationalité s'est trouvé développé, non par la politique des nouveaux pays d'immigration à l'égard de leurs ressortissants (comme semble le croire la Cour des comptes, *op. cit.,* p. 289), semblable de ce point de vue aux politiques que pouvaient suivre la Pologne ou l'Italie dans l'entre-deux-guerres, mais par deux réformes intervenues en 1973 : l'égalisation des statuts de l'homme et de la femme, et la possibilité pour le Français de conserver aisément sa nationalité, s'il se naturalise à l'étranger.

Français marqués par l'expérience coloniale de la France républicaine ont certainement contribué à interrompre un processus d'identification qui était en cours, et à provoquer un rejet fondé sur le sentiment de se sentir soi-même rejeté, de n'être qu'un « Français de papier » admis à contre-cœur[92].

## Une laïcité égale pour tous ?

Ce refus de la diversité, n'est-ce pas ce qui risque de se reproduire pour ce qui est de l'adaptation de la laïcité française à la nouvelle diversité religieuse, produit en grande partie de l'immigration ?

Le 3 juillet 2003, le président Jacques Chirac créait une commission indépendante pour étudier l'application du principe de laïcité dans la République française. Ses 19 membres comprenaient des chefs d'établissement scolaire et des professeurs, des chercheurs, des fonctionnaires, des hommes d'affaire et des parlementaires d'origines, de croyances et d'opinions politiques très variées. J'étais l'un des membres de cette commission.

Après plusieurs mois d'auditions, un rapport était adopté recommandant 26 mesures différentes, y compris l'interdiction des signes et tenues religieux ostensibles dans les écoles publiques. J'aimerais expliquer ici pourquoi.

La tradition française de laïcité s'est construite contre la domination de l'Église catholique dans les affaires publiques. La loi de 1905 était une victoire pour la majorité des citoyens français éduqués dans la foi catholique, mais qui souhaitaient que l'Église fût remise à sa place, en dehors de l'éducation et des affaires

---

92. Caractéristique de ce processus, le fait que le terme de « Français [de] papier » soit passé du statut d'insulte proférée par l'extrême droite à l'encontre de l'immigré dans l'entre-deux-guerres au statut de cri poussé par l'immigré lui-même (voir P. Weil, *Qu'est-ce qu'un Français ?*, *op. cit.*, p. 79).

publiques. Le subventionnement public des institutions religieuses était dorénavant interdit. La loi garantissait trois principes : la liberté de conscience de chacun, la séparation des Églises et de l'État, le libre exercice des cultes [93]. Il ne s'agissait donc pas d'une législation anti-religieuse. Elle valait aussi reconnaissance du droit de chacun à la pratique de ses propres croyances : par exception à la règle générale, elle permettait même à l'État de payer les salaires des aumôniers de toute religion afin que tous ceux qui étaient contraints de vivre dans des espaces clos (asiles, prisons, armée, internats, hôpitaux, etc.) pussent prier en leur présence et pratiquer leur foi [94]. Aucune loi n'interdisait le port de signes religieux, mais la coutume en France voulait, et veut toujours, que la foi religieuse soit une affaire privée. Cette tradition est plus probablement liée à la longue bataille contre le pouvoir et l'exposition publique de la foi catholique : dans les rapports entre l'individu, le groupe religieux et l'État, ce dernier est perçu et souhaité comme le protecteur de l'individu contre toute pression d'un groupe. Notre commission aurait pu appuyer ses propositions sur cette tradition. Elle n'en a rien fait.

Notre commission aurait pu également s'appuyer sur le respect d'un droit, qui n'était pas reconnu dans le monde occidental en 1905 mais qui s'était développé au cours des cinquante dernières années : l'égalité entre la femme et l'homme. Elle ne l'a pas fait non plus. Cela eût été une interprétation intrusive d'un symbole religieux qui peut avoir différentes significations. Tandis que, pour une majorité de femmes, le voile est l'expression de la domination de l'homme sur la femme, cela peut être aussi (et cela est ressenti et compris par d'autres comme tel) l'expression d'une libre croyance, un moyen de protection contre la pression masculine ou l'expres-

93. Voir François Méjan, « La laïcité de l'État en droit positif et en fait », *in* Université d'Aix-Marseille, Centre de sciences politiques (Nice), *la Laïcité,* PUF, 1960, p. 201-245.
94. Article 2 de la loi du 9 décembre 1905.

sion d'une identité et d'une liberté contre des parents laïques et contre une société occidentale séculière. L'État n'est pas en droit d'interpréter les symboles religieux. D'ailleurs, bannir le port du voile sur le fondement d'une discrimination contre les femmes aurait impliqué de ne pas seulement l'interdire dans les écoles, mais également dans toute la société.

En réalité, depuis 1905, la France a intégré l'Union européenne, signé la Convention européenne des droits de l'homme et plusieurs autres conventions internationales reconnaissant à chacun le droit d'exprimer publiquement sa croyance religieuse. Sur ces bases, en 1989, le Conseil d'État a établi que le voile musulman n'était pas un symbole en tant que tel «ostentatoire», susceptible d'être interdit à l'école. Il ne pouvait l'être que s'il était utilisé comme un moyen de pression ou de propagande [95].

Ce qui est arrivé depuis 1989, et plus spécialement depuis les deux ou trois dernières années c'est que, dans les écoles où des jeunes filles portent le voile, des jeunes musulmanes qui ne l'arborent pas sont sujettes à de fortes pressions les enjoignant à le faire. La pression quotidienne prend différentes formes, allant des insultes à la violence physique [96]. Dans l'esprit de ces groupes principalement composés d'hommes, puisque le port du voile est autorisé, les jeunes filles qui ne le portent pas sont de «mauvaises musulmanes», des «putains» qui devraient plutôt suivre l'exemple de leurs sœurs qui respectent les prescriptions du Coran. Et de l'application de ces prescriptions, ces «contrôleurs» ont décidé de se charger. Nous avons reçu des témoignages de parents musulmans qui ont dû retirer leurs filles des écoles publiques et les placer dans des établissements privés catholiques où elles n'étaient pas soumises à une pression constante pour porter le voile. Contrairement aux

---

95. Avis du Conseil d'État, 27 novembre 1989.
96. Pour le contexte de ces pressions, voir Stéphane Beaud, Michel Pialoux, *Violences urbaines, violences sociales, Genèse des nouvelles classes dangereuses*, Paris, Fayard, 2003, p. 357-364.

données officielles et aux évaluations des ministères de l'Éducation et de l'Intérieur, nous avons découvert que le nombre d'écoles où les jeunes filles portaient le *hijab* avait augmenté [97]. Dans ces écoles, de nombreuses jeunes musulmanes qui ne portaient pas le voile ont sollicité une protection de la loi et soutenu l'interdiction des signes extérieurs religieux.

Ces jeunes filles qui ne souhaitent pas porter le voile ont aussi droit à leur liberté de conscience, et elles représentent une large majorité. Les proviseurs et les professeurs ont souvent fait de leur mieux pour remettre de l'ordre, mais ils ont échoué. Ne valait-il pas mieux, nous a-t-on suggéré, s'attaquer aux individus et aux groupes qui exercent des pressions? Il est presque impossible de demander aux élèves de dénoncer leurs pairs quand ils sont sujets aux pressions, aux insultes et à la violence. Le dénonciateur est considéré comme un traître à sa communauté.

Nous avons étudié des solutions alternatives: je pensais moi-même que l'on pouvait faire la distinction entre la cour d'école et la salle de classe, en faisant appliquer des règles concernant la tenue seulement dans les classes; nous avons étudié la possibilité de donner à chaque proviseur le pouvoir d'interdire les signes extérieurs religieux dans son établissement. Après quatre mois d'enquêtes et de nombreuses auditions publiques, privées, collectives et individuelles, notre commission n'a finalement pas retenu cette solution. Notre sentiment quasi unanime (à l'exception d'un membre) était que nous avions à faire face à une réalité souvent bien perçue à un niveau local et moins bien au plan national: porter le voile ou l'imposer aux autres était devenu un sujet non pas de liberté individuelle mais de stratégie coordonnée par des groupes utilisant les écoles publiques comme leur principal champ de bataille.

---

97. Les données collectées par la commission étaient suffisantes pour prouver la forte sous-estimation du phénomène par les rapports officiels. Cependant, un manque de ressources et une échéance rapide ne nous ont pas permis d'évaluer le nombre exact de foulards islamiques portés dans les écoles publiques françaises.

Permettre d'interdire le voile à un niveau local aurait conduit, encore une fois, à faire porter la responsabilité de décisions difficiles aux chefs d'établissement. Loin de résoudre le problème, cela risquait au contraire de créer une tension permanente, des établissements étant pris pour cible les uns après les autres afin d'attirer, semaine après semaine, l'attention du public et de la presse nationaux.

C'est pourquoi nous avons proposé d'interdire les signes extérieurs – c'est-à-dire ostensibles – d'appartenance religieuse (incluant la calotte des juifs et les grandes croix chrétiennes). Nous avons décidé cela dans le strict respect de la Convention européenne des droits de l'homme. Cette convention autorise la limitation de l'expression de la foi religieuse dans le cas de problèmes d'ordre public ou d'attaques des droits ou de la liberté de conscience d'autrui [98]. Pour une telle limitation la Convention requiert une loi, et c'est pourquoi une loi votée par le Parlement était nécessaire, sauf à risquer des condamnations par la Cour européenne des Droits de l'homme [99]. La Convention requiert également que la restriction soit proportionnelle au but à atteindre [100]. C'est pourquoi l'inter-

---

98. L'article 9 de la Convention européenne des droits de l'homme, signée à Rome le 4 novembre 1950, établit : « 1. Toute personne a droit à la liberté de pensée, de conscience et de religion ; ce droit implique la liberté de changer de religion ou de conviction, ainsi que la liberté de manifester sa religion ou sa conviction, individuellement ou collectivement, en public ou en privé, par le culte, l'enseignement, les pratiques et l'accomplissement des rites. 2. La liberté de manifester sa religion ou ses convictions ne peut faire l'objet d'autres restrictions que celles qui, prévues par la loi, constituent des mesures nécessaires dans une société démocratique, à la sécurité publique, à la protection de l'ordre, de la santé ou de la morale publiques, ou à la protection des droits et libertés d'autrui. »

99. Voir par exemple les jugements de la Cour européenne : *Sunday Times vs. Royaume-Uni*, 26 avril 1979, ou *Larissis et autres vs. Grèce*, 24 février 1998.

100. Dans un récent jugement (*Leyla Sahin vs. Turquie*, 29 juin 2004), la Cour européenne des droits de l'homme a rejeté unanimement l'allégation selon laquelle l'interdiction de porter le foulard islamique dans l'enseignement supérieur violait les droits et la liberté d'un étudiant, selon les articles 8, 9, 10, et 14 de la Convention, et l'article 2 du protocole n° 1.

diction concerne les signes religieux ostensibles et non ceux qui sont discrets. C'est pourquoi aussi elle s'applique seulement dans les écoles publiques, la majorité des personnes concernées étant constituée de mineurs[101]. Il n'était pas question d'interdire les signes religieux dans les universités ni où que ce soit dans le monde des adultes : les adultes ont des moyens de défense que les enfants n'ont pas. Ils peuvent aller en justice et clamer leur droit à la liberté de conscience plus facilement.

Nous avons fait notre choix après de longues réflexions individuelles et collectives. Étions-nous sous pression, influencés par l'impossibilité d'entendre le témoignage de toutes les personnes intéressées ou bien par le manque de temps pour prendre une décision fondée sur des preuves suffisantes ? Étions-nous conscients de la possibilité que certains adolescents ou leurs familles pussent percevoir notre proposition à travers le prisme de la discrimination, du legs du colonialisme et du préjudice racial[102] ? Manifestement, la question de la laïcité réveillait de vieilles passions et divisions politiques à travers l'ensemble de la société civile et de nombreuses institutions. Mais ces pressions ne nous ont pas empêchés de prendre en compte toutes les considérations et circonstances nécessaires. Les opposants les plus virulents au port du voile ne nous ont pas convaincus[103]. Nous avons davantage entendu les partisans du *statu quo* que les défenseurs de l'interdiction. Et entendre davantage de jeunes filles voilées n'aurait pas changé notre raisonnement, lequel ne reposait pas sur l'évaluation d'un signe religieux ni sur sa signification. Nos propositions peuvent être critiquées. Elles ne peuvent en tout cas pas être placées dans la continuité du statut de l'islam en Algérie française. Tout au contraire.

---

101. Voir Marceau Long et Patrick Weil, « Une laïcité en voie d'adaptation », *Libération*, 26 janvier 2004.

102. Voir G. Noiriel et S. Beaud, « Les Parias de la République », *Le Monde*, 20 février 2004.

103. Voir les réactions de la presse à l'audition de Chahdortt Djavann, dans *Le Figaro* et *Libération*, 22 septembre 2003.

Sous la loi coloniale française, non seulement les musulmans d'Algérie pouvaient pratiquer les rites et les commandements de leur religion, mais ils étaient assignés à le faire, on pourrait même dire emprisonnés en cela. *De facto*, ils ne devenaient sujets au code civil français qu'en devenant pleinement français, à travers une procédure semblable à une « naturalisation »[104]. Ils étaient dissuadés de le faire et, par conséquent, entre 1865 et 1962, moins de 7 000 musulmans d'Algérie ont acquis cette pleine nationalité. Les autorités religieuses musulmanes gouvernaient non seulement aux règles religieuses mais également aux droits civils et sociaux des musulmans d'Algérie, sous l'autorité du Coran. La loi de séparation de 1905 entre l'Église et l'État était applicable en Algérie... mais elle était vidée de son contenu à travers un régime d'exception[105]. Aujourd'hui, dans la France de 2004, une majorité des musulmans sont pleinement français et les autres peuvent le devenir. Ils sont sujets au Code civil mais peuvent toujours se référer au Coran en tant que code religieux et moral.

Notre rapport est donc en rupture avec la tradition coloniale de contrôle et de financement de l'islam, d'une part, d'affectation des musulmans à une identité exclusivement religieuse, de l'autre. Et si lois et décisions administratives suivent nos 26 recommandations, elles pourront être interprétées à l'aune des décisions prises par Napoléon envers les juifs en 1806, et de la loi de 1905 envers les catholiques : comme un moment de compromis, qui signifie que, pour la première fois, l'État français et la société française ont décidé d'intégrer une forte minorité musulmane et de la reconnaître, moyennant une adaptation interactive réciproque. Mais il ne pourra être perçu comme tel si l'interdiction des signes religieux

---

104. Voir P. Weil, *Qu'est-ce qu'un Français ? op. cit.*, p. 225-244.
105. Voir Raberh Achi, « La séparation des Églises et de l'État à l'épreuve de la situation coloniale. Les usages de la dérogation dans l'administration du culte musulman en Algérie (1905-1959) », *Politix*, dossier « L'État colonial », vol. 17, n° 66, septembre 2004.

dans les écoles publiques reste la seule des 26 propositions à devoir être appliquée par le Président, son gouvernement et le Parlement.

Il y a un besoin urgent d'adapter à la nouvelle diversité du paysage religieux français l'un des principes fondamentaux de la laïcité : l'égalité de tous les cultes devant la loi, le « respect de toutes les croyances » [106]. La France est aujourd'hui le pays qui possède les plus grandes communautés bouddhistes, juives et musulmanes d'Europe. Puisque la communauté musulmane est la plus nombreuse et la plus récente en France, il est nécessaire de concentrer sur elle plus que sur une autre cet effort d'adaptation. Notre commission a donc demandé à l'État et aux municipalités de respecter pleinement la liberté de construire des mosquées ou d'ouvrir des lieux de cultes. Aujourd'hui la question est moins de changer la loi de 1905 que de l'appliquer pleinement : dans de nombreuses communes, ce qui bloque les projets d'ouverture des lieux de culte, ce n'est pas tant le manque de ressources que le manque de bonne volonté de certains élus, parfois même leur refus d'appliquer la loi. Il faut aussi mieux respecter les rites funéraires : orienter les tombes vers La Mecque ne porte en rien atteinte au droit français, et c'est en même temps permettre le respect d'une importante prescription religieuse. Offrir un plat alternatif, si l'on sert du porc à déjeuner dans une cantine scolaire, ce n'est pas créer un privilège, mais accommoder en pratique la diversité des obligations alimentaires. Enfin, reconnaître la plus importante fête de chacune des religions minoritaires (sans pour autant créer de jour férié supplémentaire [107]), c'est leur assurer l'égal respect proclamé par la loi de 1905.

Cette dernière proposition – approuvée par les autorités catholiques, protestantes et musulmanes pendant leurs auditions – fut rejetée par le gouvernement et accueillie froidement par la majorité des dirigeants socialistes. Mais elle fut aussi appuyée par 40 %

---

106. Article 1 de la Constitution de 1958.
107. Ces fêtes seraient reconnues jours fériés à prendre au choix avec un des jours fériés déjà reconnus par la loi.

des citoyens [108] et provoqua un débat très intense, créatif et fructueux dans presque toutes les familles du pays. Et je parie qu'elle reviendra tôt ou tard dans l'agenda public. Si je l'ai avancée, c'est qu'elle me semble de nature à marquer le respect de l'ensemble de la communauté française à l'égard de ces compatriotes, tout en s'inscrivant pleinement dans le respect d'une coutume française : garder sa foi et sa pratique religieuse dans le privé. Aujourd'hui, un juif ou un musulman peut s'arrêter de travailler les jours de Kippour ou de l'Aïd, mais, ce faisant, il se déclare publiquement juif ou musulman. Si demain le Kippour ou l'Aïd sont reconnus comme des jours fériés optionnels, en choix alternatif avec la Pentecôte ou le Noël oriental, personne ne pourra être sûr que celui qui choisit de ne pas travailler à Kippour est juif : cela pourrait être un agnostique qui aura pris des vacances d'été en juillet et choisi Kippour comme une façon d'avoir un week-end de vacances à l'automne.

Au plan scolaire, la dualité de notre système – public et privé – et le respect du principe d'égalité font qu'à l'avenir des écoles musulmanes vont se développer, sous contrat avec l'État. C'est le droit des musulmans les plus pratiquants que de bénéficier des mêmes dispositifs que les pratiquants des autres religions : pouvoir mettre leurs enfants dans des écoles qui leur délivrent une instruction religieuse et leur permettent de respecter toutes les coutumes, fêtes et obligations religieuses, ce que les écoles publiques ne peuvent pas faire. Cela implique, en échange d'un fort subventionnement public, un contrôle des programmes d'enseignement. Dans l'attente du développement de ces écoles musulmanes, les jeunes filles musulmanes exclues de l'école publique pour port du voile, devraient avoir au moins la possibilité de rejoindre des écoles privées religieuses, catholiques, protestantes ou juives. Ces écoles ont l'obligation, si elles sont sous contrat avec l'État, d'accepter des élèves de croyances différentes.

---

108. Sondage CSA/ *Le Parisien*, effectué les 16 et 17 décembre 2003 auprès de 1 004 personnes âgées de 18 ans et plus.

LA RÉPUBLIQUE ET SA DIVERSITÉ

Le succès historique du modèle français de laïcité a résidé dans le fait qu'il a donné la priorité à la protection des individus par l'État contre toute pression de groupes religieux. Paradoxalement, son futur repose dans sa capacité à s'adapter à la diversité culturelle et religieuse, à la respecter et à ne pas la considérer comme un fardeau mais comme un défi et une opportunité. Cette adaptation prendra du temps, car le temps a toujours été nécessaire pour trouver, dans le cadre de la loi, les accommodements raisonnables qui permettent de respecter tout à la fois la liberté de conscience, la séparation des religions et de l'État, et le respect de tous les cultes.

Attendre en revanche n'est plus possible dans un domaine qui n'était pas de la compétence de la commission Stasi, mais qui constituait l'environnement de ses travaux : la France n'a pas suffisamment fait contre les discriminations ethniques, religieuses ou territoriales dont souvent les enfants des immigrants d'Afrique du Nord sont les victimes, même s'ils n'en sont pas les *seules* victimes. Il ne s'agit pas là pour eux d'adaptation ou d'intégration. Ils parlent le français et sont français. Il s'agit d'une différence de traitement qu'ils subissent en raison de la couleur de leur peau, de leur nom de famille ou de leur domiciliation.

Alors, certes, la législation qui s'attaque au racisme direct dispose depuis 1972 d'un arsenal complet, qui s'est progressivement renforcé[109], mais celui-ci est inefficace pour tout ce qui concerne la discrimination indirecte « lorsqu'une disposition, un critère ou une pratique apparemment neutre est susceptible d'entraîner un désavantage particulier pour des personnes (…) par rapport à d'autres personnes »[110].

---

109. Sur la genèse de la législation française de lutte contre le racisme, voir Erik Bleich, *Race Politics in Britain and France. Ideas and Policymaking since the 1960s*, Cambridge, Cambridge University Press, 2003.

110. Rapport n° 1827, fait au nom de la commission des lois sur le projet de loi (n° 1732) portant création de la Haute Autorité de lutte contre les discriminations et pour l'égalité, par M. Pascal Clément, Assemblée nationale, 22 septembre 2004.

En 1998 pourtant, le Haut Conseil à l'Intégration présidé par Simone Veil prônait son autodissolution au profit d'une haute autorité indépendante chargée de l'action contre les discriminations directes et indirectes[111]. Il s'agit là, comme le montre Didier Fassin, « d'une *inversion de l'imputation causale,* puisque ce ne sont plus les attributs des étrangers que l'on considère comme responsables des difficultés auxquelles ils sont confrontés (leur « capital humain »), mais le fonctionnement de la société française elle-même (y compris par des comportements non intentionnels qui conduisent à une situation discriminatoire de fait). Le critère de la nationalité apparaît comme insuffisant… car les discriminations peuvent affecter « des Français de couleur, notamment d'outre-mer ou d'origine étrangère non européenne… il y a *reconnaissance du fondement racial* de cette inégalité spécifique » [112].

Le gouvernement de gauche hésite alors à agir et se montre très prudent[113]. Tout juste met-il en place un Groupe d'étude des Discriminations (GELD) et un numéro vert destiné à recueillir les plaintes[114]. À l'occasion de la transposition d'une directive européenne[115], une loi du 16 novembre 2001[116] inscrit pour la première

111. Haut Conseil à l'Intégration, *Lutte contre les discriminations : faire respecter le principe d'égalité,* rapport au Premier ministre, Paris, La Documentation française, 1998. Le Conseil d'État évoque déjà dans son rapport de 1996 consacré au principe étudie les discriminations.

112. Didier Fassin, « L'invention française de la discrimination », *RFSP,* vol. 52, n° 4, août 2002, p. 403-423.

113. Jean-Michel Belorgey (*Lutter contre les discriminations,* rapport à Madame la Ministre de l'Emploi et de la Solidarité) concluait pourtant en mars 1999 à la création d'une Haute Autorité.

114. Virginie Guiraudon, « Construire une politique européenne de lutte contre les discriminations : l'histoire de la directive "race" », *Sociétés contemporaines* (2004), n° 53, p. 11-32.

115. Directive 2000/43/CE du Conseil du 29 juin 2000 relative à la mise en œuvre du principe de l'égalité de traitement entre les personnes sans distinction de race ou d'origine ethnique.

116. Voir Gwénaële Calvès, « "Il n'y a pas de race ici" : le modèle français à l'épreuve de l'intégration européenne », *Critique internationale,* vol. 17, p. 173-186.

fois dans le code du travail (article L. 122-45) l'interdiction de toute discrimination indirecte, c'est-à-dire non intentionnelle.

Certes, à compter du 1ᵉʳ janvier 2005, une Haute Autorité de lutte contre les discriminations et pour l'égalité (HALDE) a vu le jour. Ses pouvoirs d'investigation, de médiation et de saisine de la justice sont réels, même s'ils ne vont pas jusqu'à la possibilité d'imposer des sanctions. En outre, toutes les discriminations sont de sa compétence, raciales bien sûr, mais également religieuses, de genre, d'âge, d'orientation sexuelle, ou visant des handicapés.

Alors, se demandent certains, n'est-il pas temps d'agir plus vite et plus loin, et d'importer en France des politiques de préférence raciale développées depuis le début des années 1970 aux États-Unis d'Amérique ?

# CHAPITRE III

# Discriminations : un plan pour l'égalité

Faut-il adopter en France des politiques d'*affirmative action*? La question est devenue légitime tant les discriminations à l'encontre de Français de couleur mettent en cause l'un des fondements essentiels de notre République : l'égalité devant la loi, « sans distinction d'origine, de race ou de religion » [117].

Il ne s'agit plus d'un problème lié au caractère récent de l'immigration ou encore à la différence culturelle ou religieuse. Nos compatriotes d'outre-mer ne sont pas des immigrés ou des Français récents et ils sont dans leur majorité catholiques : ils sont pourtant bel et bien absents des sphères dirigeantes de notre société. Les études scientifiques le montrent aujourd'hui suffisamment : des discriminations touchent – au-delà des populations arrivées récemment d'Afrique ou d'ailleurs, souvent musulmanes, les Français et les étrangers de couleur d'abord en ce qui concerne l'accès à certains emplois.

Cette question excède d'ailleurs largement le seul problème

---

117. Article 1 de la Constitution de 1958.

de l'accès aux sphères dirigeantes. Entre 1975 et 1990, la situation générale des jeunes hommes de 16 à 29 ans issus de l'immigration maghrébine s'est dégradée. Entre 9 et 15 % de chômeurs en 1975, 19 à 38 % en 1982, et 34 à 45 % en 1990[118] : en 1990, le taux de chômage des jeunes de 24 à 29 ans d'origine algérienne était de 35 % environ, alors qu'il était de 12 % pour ceux d'origine portugaise[119]. Les jeunes actifs de 15 à 24 ans non originaires de l'Union européenne forment la catégorie la plus exposée au chômage : « sur les quinze dernières années, entre 37 % et la moitié d'entre eux se trouvent en situation de chômage »[120]. Les jeunes issus de l'immigration maghrébine sortent plus souvent que les autres du système scolaire sans qualification[121]. Seuls 54 % de ceux qui poursuivent des études dans l'enseignement supérieur en sortent diplômés[122]. Ils rencontrent alors des difficultés particulières pour accéder à un emploi. Une enquête conduite en 2004 par Jean-François Amadieu, de l'Observatoire des discriminations de l'université de Paris 1, a testé la réaction de plusieurs entreprises à l'envoi de différents CV qui répondaient à un total de 258 offres d'emplois. Ce *testing*[123] a permis de montrer que le « référent » (homme, résident à Paris, blanc de peau) était convoqué à 75 entretiens, tandis que le même homme résidant au Val Fourré à Mantes-la-Jolie

---

118. Roxane Silberman, « Les enfants d'immigrés sur le marché du travail », *in* Fr. Héran (dir.), *Immigration, marché du travail, intégration*, Paris, La Documentation française, 2004, p. 301.

119. Jean-Luc Richard, *Partir ou rester ? Destinées des jeunes issus de l'immigration*, Paris, PUF, 2004, p. 157.

120. Mouna Viprey, *l'Insertion des jeunes d'origine étrangère*, rapport au Conseil économique et social, 2002, p. 65.

121. R. Silberman, *op. cit.*, p. 302-306.

122. C'est le cas de 25 % de l'ensemble des jeunes. Voir Alain Frickey, Jake Murdoch et Jean-Luc Primon, « Les jeunes issus de l'immigration, de l'enseignement supérieur au marché du travail », *Bref*, Bulletin du Céreq, n° 205, février 2004.

123. Le procédé du *testing* permet de vérifier que celui qui est soumis au test ne peut sélectionner les candidats « qu'en mobilisant le motif prohibé pour les départager ». Voir Patrick Simon, « Les politiques anti-discrimination et les statistiques : paramètres d'une incohérence », in *Sociétés contemporaines*, 2004, n° 53, p. 57-84.

n'est plus convoqué qu'à 45 entretiens, 14 s'il a un nom et un prénom maghrébin, 5 seulement s'il est handicapé[124].

Les enfants issus de l'immigration ou venus en métropole des départements et territoires d'outre-mer cumulent dès l'enfance plusieurs difficultés comme l'origine modeste, ouvrière ou paysanne, ou la relégation spatiale dans des quartiers stigmatisés. Ils ont certes souvent bénéficié des politiques de zones d'éducation prioritaire (ZEP) pour donner plus de moyens à leurs écoles, des ZUP pour améliorer leur logement et son environnement, des zones franches pour inciter des entreprises à créer de l'emploi dans ces secteurs. Mais ces politiques n'ont pas atteint leur objectif[125].

N'est-il pas temps alors d'aller plus loin, plus vite, et d'importer en France des politiques de préférence raciale, d'*affirmative action*, développées depuis le début des années 1970 aux États-Unis[126] ?

## L'*affirmative action* : une politique de préférence raciale

L'*affirmative action* est, au départ, un terme du vocabulaire administratif américain signifiant tout simplement « action volontaire ou volontariste » consistant à opter pour la prévention et l'anticipation plutôt que pour l'attentisme[127]. Je l'ai trouvé mentionné

---

124. Un Parisien, s'il a le visage disgracieux, n'est plus convoqué que 33 fois, et s'il a plus de 50 ans, 20 fois. Jean-François Amadieu, *Enquête testing sur CV (réalisée sur 258 entreprises)*, Université de Paris 1, Observatoire des Discriminations, avril-mai 2004.

125. Éric Maurin, *le Ghetto français, op. cit.*, p. 61-69.

126. Sur l'*affirmative action*, voir, en français, deux ouvrages de référence : l'ouvrage pionnier de Gwénaële Calvès, *l'*Affirmative Action *dans la jurisprudence de la Cour Suprême des États-Unis, le problème de la discrimination positive*, Paris, LGDJ, 1998, et Daniel Sabbagh, *l'Égalité par le droit. Les paradoxes de la discrimination positive aux États-Unis,* Paris, Économica, 2003.

127. Voir Sabbagh, *op. cit.*, p. 37.

dans des documents d'archives datant de la Première Guerre mondiale (1916), à propos de l'attitude anti-patriotique de certains naturalisés américains d'origine allemande. Un responsable du ministère de la Justice américain se demandait : « Quel recours avons-nous pour lutter contre ce danger manifeste pour la paix et la sécurité de ce pays ? » Et de répondre : « En premier lieu, l'*affirmative action* du pouvoir exécutif à travers ses représentants... » [128]. C'est en 1935 que le terme est pour la première fois employé dans une loi – le *Wagner Act* – visant à garantir les droits syndicaux par la création d'un Bureau national des relations du travail autorisé à interdire des pratiques d'emploi ou d'embauche abusives, mais aussi, en cas d'action illégale, de forcer le coupable *à sa réparation* par une *affirmative action*, telle l'obligation de réintégrer des ouvriers licenciés pour action syndicale [129]. Sur le même modèle, la grande loi sur les droits civiques de 1964 punit les comportements discriminatoires, c'est-à-dire intentionnellement racistes, permettant au tribunal « d'interdire cette pratique illégale et d'ordonner toute *affirmative action* appropriée » [130].

C'est plus tardivement que le terme prend une autre signification codée, celle de *traitement préférentiel*. Les *Civil and Voting Rights Acts* avaient produit des effets au Sud, moins dans les ghettos du Nord d'où partirent les émeutes raciales [131]. En juillet 1967, après les

128. File 3906, Records of the Immigration and naturalization service, records of the central office, administrative files relating to naturalization, 1906-1940, Record Group 85, National Archives Building, Washington DC.

129. Hugh Davis Graham, *Collision Course. The Strange Convergence of Affirmative Action and Immigration Policy in America,* Oxford, New York, Oxford University Press, 2002, p. 29.

130. G. Calvès, *op. cit.*, p. 24. Déjà le 6 mars 1961, un décret présidentiel signé par Kennedy impose aux entreprises contractant avec des agences fédérales *to take* « *affirmative action* » afin d'assurer l'égalité de traitement racial à l'emploi. C'est alors la ségrégation dans le Sud qui est en jeu, et Kennedy agit par décret car il n'a pas de majorité au Congrès pour faire adopter une loi. Encore une fois, c'est le modèle de la lutte contre la discrimination syndicale des années 1930 qui a été utilisé.

131. H. D. Graham, *op. cit.*, p. 31.

émeutes de Detroit, au cours desquelles 43 personnes sont tuées, 7 000 arrêtées, 1 300 immeubles incendiés et 27 000 commerces vandalisés, un plan est lancé à Philadelphie : les entreprises ne seraient pas habilitées à signer de contrat avec l'État fédéral (montant de 550 millions de dollars) sauf à prouver que leur registre du personnel comporte un nombre de membres des minorités égal à leur pourcentage dans leur environnement immédiat, en l'occurrence, pour les Noirs, 30 %. Ce plan n'aboutit qu'à des résultats mineurs, mais il est repris et mis en œuvre par Richard Nixon le 27 juin 1969 et étendu en octobre 1971 à 44 zones métropolitaines[132].

Grâce à sa ténacité, Nixon surmonte l'opposition du Congrès, de l'opinion publique et des syndicats. Ce soutien à cette nouvelle approche de l'*affirmative action* s'explique par toute une série de raisons, dont la volonté de répondre au mouvement des *civil rights* par la promotion de la minorité noire dans le monde de l'entreprise, mais aussi par le dessein de créer tension et division entre cette minorité et les syndicats américains qu'il voulait affaiblir par ce biais[133]. Mais, une fois que le parti démocrate fait le choix de la soutenir, Nixon se retourne contre elle, dénonçant George Mc Govern comme candidat du parti des quotas[134].

La nouvelle approche est cependant soutenue par la Cour Suprême. Dès 1969, celle-ci endosse le plan de Philadelphie pour ce qui est de l'attribution de marchés publics[135]. En 1971, en matière d'emploi, dans un important arrêt *Griggs*, elle décide que ce n'est pas simplement l'intention de discriminer qui est proscrite, mais aussi les conséquences de pratiques professionnelles en appa-

---

132. G. Calvès, *op. cit.*, p. 49-50.

133. H. D. Graham, *op. cit.*, p. 65-74.

134. Terry H. Anderson, *The Pursuit of Fairness, A History of Affirmative Action*, Oxford, New York, Oxford University Press, 2004, p. 138-140.

135. Elle le fit en décidant de ne pas se saisir cette année-là et les années suivantes de recours qui avaient été exercés par des plaignants contestant les décisions prises au sujet de contrats fédéraux en conformité avec le plan de Philadelphie. Voir T. Anderson, *op. cit.*, p. 126, et G. Calvès, *op. cit.*, p. 129, note 113.

rence neutres. Si la discrimination directe était directement visée par la loi de 1964, la discrimination indirecte devient tout autant condamnable[136]. Enfin, pour les universités, l'arrêt *Bakke*[137] établit en 1978, la légalité des politiques d'admission préférentielle, initiées par certains établissements dès 1963, amplifiées par les mouvements des *civil rights* sur les campus à la fin des années 1960, et codifiées en 1973 par le ministère de l'Éducation[138]. La Cour précise que des quotas ne peuvent être utilisés pour recruter les étudiants appartenant à des minorités. Chaque profil d'étudiant doit être étudié dans sa spécificité, dans sa capacité à apporter à l'institution universitaire la diversité qu'elle recherche, la race pouvant, dans ce cadre, être prise en compte[139].

En quoi consiste ce traitement préférentiel ? Si, par exemple, un candidat noir postule à un emploi alors qu'il existe au moins un candidat blanc dont le niveau de qualification est supérieur, c'est le candidat noir que l'on retiendra, en dépit de ses moins bonnes qualifications. L'identification raciale constitue alors le facteur déterminant à l'obtention d'un poste[140]. En outre, sans aller jusqu'à mettre en place des quotas, c'est-à-dire « un nombre ou un pourcentage fixe et rigide de membres des minorités »[141], la politique d'*affirmative action* se juge néanmoins aux résultats et implique donc la production régulière de statistiques qui permettent d'évaluer la présence de membres de minorités dans les entreprises, les organisations publiques ou les universités.

---

136. L'effet institutionnel est immédiat: la *Equal Employment Opportunity Commission* créée en 1972 est autorisée à se porter partie civile contre les employeurs soupçonnés de discrimination raciste ou sexiste. G. Calvès, *op. cit.*, p. 35 et 43.

137. *Regents of Univ. of California v. Bakke*, 438 U.S. 265, 315-18 (1978).

138. Julie Thermes, *Essor et déclin de l'*affirmative action. *Les étudiants noirs à Harvard, Princeton et Yale*, Paris, CNRS Éditions, 1999, p. 111-132. G. Calvès, *op. cit.*, p. 55-59.

139. Peter H. Schuck, *Diversity in America, Keeping Government at a Safe Distance*, Cambridge and London, Harvard University Press, 2003, p. 164-165.

140. D. Sabbagh, *op. cit.*, p. 3.

141. T. Anderson, *op. cit.*, p.126.

Ces politiques de préférence raciale ont permis, depuis le début des années 1970, la promotion réelle et visible dans les hautes sphères de la société, dans les métiers les plus valorisés, dans la politique, principalement des Noirs, plus généralement de tous les groupes victimes dans le passé de discrimination officielle. En 2002, trois PDG de grandes entreprises (Merrill Lynch, AOL Time Warner et American Express) sont noirs[142]. Les Noirs représentent 5,1 % des avocats en 2000 contre 1,3 % en 1960, mais aussi 12,9 % des pompiers contre 2,5 % en 1960. 1 % des docteurs de l'Université étaient noirs en 1970, ils sont 6 % des 33 578 docteurs en 2000, même si le domaine dominant est les sciences de l'éducation. Une classe moyenne noire s'est donc progressivement développée.

L'impact de la politique de préférence raciale a été fort dans les universités les plus sélectives et les plus prestigieuses, d'où les étudiants noirs étaient absents au début des années 1960[143]. Il est cependant moins évident pour ce qui est de l'emploi, le grand écart entre Noirs et Blancs ayant été réduit dès avant 1973 « par la combinaison de la croissance et d'une politique de non-discrimination rigoureusement mise en œuvre »[144].

Dans le même temps, l'*affirmative action* n'a pas eu que des conséquences positives. Une partie des Noirs américains laissés sur le bord de la route ont vu leur situation, non pas s'améliorer mais se dégrader. Deux tiers des *African American* vivent mieux qu'avant, selon Orlando Patterson, mais le tiers restant va moins bien que jamais[145]. Du fait de la visibilité d'une élite multi-raciale ou multi-

---

142. A. Hacker, *op. cit.*, p. 128.

143. Même si ce sont souvent aujourd'hui ceux issus des familles des classes supérieures. Voir P. Schuck, "Affirmative Action: Past, Present and Future", *Yale Law & Policy review*, Vol. 20 : 1, 2002, p. 68.

144. H. D. Graham, *op. cit.*, p. 167. Cf. aussi P. Schuck, art. cité, p. 63.

145. *Georgetown Journal of Law & Public Policy*, 4, 107, Spring 1999. 4 millions de Noirs sont par exemple privés de droit de vote.

culturelle, les déclassés deviennent plus invisibles et les invisibles encore plus sont délaissés[146]. L'*affirmative action* a contribué à racialiser tous les problèmes, à travers toutes les couches de la société.

La jurisprudence de la Cour Suprême a accentué cette racialisation, en validant les dispositifs d'*affirmative action*, tout en rejetant d'autres mécanismes – plus égalitaires – de lutte contre l'injustice sociale ou la ségrégation urbaine ou scolaire. Elle a ainsi jugé en 1973 que le Texas n'était pas dans l'obligation de fournir des subventions égales aux différentes écoles de l'État[147], contribuant à accentuer l'inégalité des écoles publiques en moyens et en professeurs qualifiés. En 1974, la même Cour Suprême dans une décision *Milliken v. Bradley* décida que des écoles de la banlieue blanche de Detroit ne pouvaient être incluses dans un plan de déségrégation sauf s'il s'y développait des pratiques discriminatoires. L'effet de cette décision fut, selon Sheryll Cashin, catastrophique, faisant passer – dans les écoles de la ville de Detroit – le ratio Noirs/Blancs de 60/40 en 1967 à 91/4 en 2000[148]. En 1995, la Cour Suprême annula la décision d'une cour locale obligeant l'État du Missouri à dépenser 20 millions de dollars par an pour maintenir l'attractivité des écoles des quartiers pauvres[149].

Cette racialisation de la société américaine divise les pauvres entre Blancs, Noirs et *Latinos*, souligne William Julius Wilson qui insiste sur les limites de l'approche par la discrimination raciale et souhaite une alliance multiraciale de tous ceux qui sont socialement discriminés. Chez ceux qui ont mieux réussi, l'*affirmative action*

---

146. William Julius Wilson, *The Bridge over the Racial Divide. Rising Inequality and Coalition Politics*, Berkeley, University of California Press, Russell Sage foundation, 1999.

147. *San Antonio vs. Rodriguez*, 411 U.S. 1 (1973). Cité *in* Sheryll Cashin, *The Failures of Integration, how Race and Class Are Undermining the American Dream,* New York, Public Affairs, 2004, p. 212.

148. *Ibid.*

149. *Missouri v. Jenkins*, 515 U.S. 70 (1995). Sh. Cashin, *ibid.*, p. 214-215.

dévalue la perception de leur compétence[150]. Elle érode l'ensemble de leur réputation tandis que la réputation des Blancs en est artificiellement rehaussée. Le politiste Andrew Hacker parle ainsi aujourd'hui de l'existence aux États-Unis de deux nations – l'une noire et l'autre blanche – séparées, hostiles et inégales.

## Quel plan pour la France ?

Est-il possible en France d'arriver aux mêmes résultats positifs sans être confronté aux mêmes conséquences négatives ? L'importation dans la législation de techniques expérimentées dans des pays étrangers est courante, même si les hommes politiques qui y procèdent ne s'en vantent pas. Mais, pour que la greffe prenne, il faut tenir compte du contexte, de la culture politique du pays *emprunteur*. Il faut aussi bien cerner la particularité du problème français. Peut-être pourra-t-on alors sélectionner, dans la diversité des expériences américaines, celles qui sont le mieux à même de réussir en France. Il ne faut se tromper ni d'objectif ni de méthode, l'important étant de juger les institutions non pas aux « programmes qu'elles affichent, mais aux effets qu'ils ont quand ils s'appliquent »[151].

Les contextes sont en effet différents. À la fin des années 1960, les États-Unis sortaient de deux siècles de discrimination légale, instituée au cœur même de son territoire et de son système politique : d'abord un siècle d'esclavage, puis – après l'abolition – de ségrégation légitimée par le droit et la Cour Suprême du pays[152]. La France

150. Glenn C. Loury, "How to Mend Affirmative Action", *Public Interest*, spring 1997, p. 33-43.

151. J. Carens, *Culture, Citizenship and Community, A contextual exploration of Justice as Evenhandedness*, Oxford, New York, Oxford University Press, 2000, p. 29.

152. Voir Loïc Wacquant, « De l'esclavage à l'incarcération de masse. Notes pour repenser "la question noire" aux États-Unis », *in* P. Weil et S. Dufoix, *L'esclavage,*

a pratiqué l'esclavage, mais dans des colonies ; et après deux abolitions – en 1794 puis en 1848 –, elle a accordé la pleine citoyenneté aux anciens esclaves[153]. Elle a colonisé et, ce faisant, dominé et discriminé, mais les anciens colonisés ont été formellement intégrés dans un statut de droit commun, le plus souvent d'ailleurs celui de citoyens d'États indépendants. Cela ne veut pas dire que certaines représentations, certaines pratiques n'ont pas été transférées en métropole, mais la France et les États-Unis ne partent pas du même point[154].

Le contexte social et institutionnel est également différent. En France, l'accès de tous et notamment de toutes les familles modestes, françaises ou étrangères, à la protection sociale et à la santé est garanti[155]. Et notre système scolaire assure une égalité minimale des moyens et des enseignants sur l'ensemble du territoire national.

Le contexte culturel de chaque pays doit enfin être sérieusement pris en compte. Aux États-Unis, on compte les habitants par race depuis la création de la République, depuis que les Constituants ont décidé qu'un esclave serait compté au moment du recensement pour trois cinquièmes d'un homme libre[156]. Dès lors, même si elle contredit le *Civil Rights Act* de 1964 qui interdit toute dis-

*la colonisation et après... ? Une comparaison France, États-Unis, Grande-Bretagne*, Paris, PUF, 2005, p. 247-274.
153. Voir Frédéric Régent, *Esclavage, métissage, liberté. La révolution française en Guadeloupe (1789-1803)*, Paris, Grasset, 2004.
154. Voir P. Weil et S. Dufoix, *op. cit.*
155. Voir les témoignages recueillis par Roger Establet, auprès d'ouvriers turcs immigrés en France mais retournés en Turquie, sur l'hôpital et le système français de santé, *in* R. Establet, *Comment peut-on être Français ? 90 ouvriers turcs racontent*, Paris, Fayard, 1997, p. 209.
156. Le premier recensement – en 1790 – distingue les hommes et femmes blancs libres, d'un côté, Noirs libres, puis esclaves – sans distinction de sexe –, de l'autre, en maintenant les Indiens-Américains à l'extérieur. Depuis, les classifications ont évolué jusqu'à permettre en 2000 au recensé, pour la première fois depuis deux siècles, de se rattacher à plus d'un groupe racial en même temps. Voir Paul Schor, « Le métissage invisible, l'héritage de l'esclavage dans les catégories du recensement américain », *in* P. Weil et S. Dufoix, *op. cit.*, p. 303.

crimination selon *la race, la couleur, la religion, le sexe ou encore l'origine nationale*, la mise en place d'une politique d'*affirmative action* s'inscrit parfaitement dans une longue tradition de comptage par la race qui existe depuis la fondation des États-Unis.

D'ailleurs dans les universités, la préférence raciale est venue s'ajouter à d'autres politiques préférentielles, à d'autres voies spéciales toujours ouvertes, pour les sportifs, mais surtout pour les enfants d'anciens élèves. On a tendance à oublier cette réalité, pourtant mentionnée dans la très importante opinion du juge Blackmun en soutien à la décision *Bakke*[157].

Selon une très récente étude du *Wall Street Journal* les enfants des anciens élèves représentent de 10 à 15 % des promotions dans les collèges de la Ivy League où les enfants d'anciens élèves ont trois fois plus de chances d'être admis que les autres candidats. Pendant quarante ans, 20 % des étudiants admis à Harvard l'ont été en raison de leur lien de filiation avec des anciens de l'université, souvent sollicités financièrement et ensuite payant la totalité des droits de scolarité[158]. Harvard accepte 40 % des candidatures des enfants d'anciens élèves, Princeton 35 % où ils représentent 11 % des élèves de 1re année, tandis qu'à Yale en 2003 ils sont 14 %[159].

---

157. 438 US 265 (1978). « Il est quelque peu ironique de nous voir si profondément perturbé par un programme où la race est un élément explicite tout en étant parfaitement informé que des institutions d'excellence ont concédé des préférences, à ceux qui possèdent des talents d'athlètes, aux enfants d'anciens élèves, aux riches qui peuvent accorder des largesses à l'institution, enfin à ceux qui ont des relations avec des gens connus, des célébrités, fameuses ou puissantes. »

158. Ces droits de scolarité s'élèvent en 2004-2005 à environ 30 000 dollars par an à Columbia, Harvard, Princeton, Cornell ou Brown. Une étude menée de 1981 à 1988, montre que les étudiants admis sur ce critère étaient moins bons que toutes les autres catégories d'étudiants sauf les athlètes. Roy Carleton Howell, « Hidden Affirmative Action ; How the Unqualified Get into the Elite American Universities », *Thurgood Marshall Law Review*, 21, 173, Fall 1995.

159. Nancy Doyle Palmer, « Hell Hath No Fury Alumni Scorned. Here's What Happens When Mom or Dad Can't Get the Kids into the Alma Mater », *Washingtonian*, March 2004, p. 139-147. Voir également Julie Thermes, *op. cit.*, p. 64-67.

Malgré cette inscription dans la tradition, la politique du multiculturalisme est plus populaire dans les milieux universitaires américains que dans les milieux ouvriers attachés à leur identité de classe et au principe d'égalité.

Ayant étudié l'univers d'ouvriers blancs et noirs aux États-Unis, leur rapport les uns avec les autres[160], Michèle Lamont remarque que « les Noirs tout comme les Blancs s'appuient sur des expériences vécues quotidiennement pour renforcer leur rejet de la notion d'inégalité raciale. L'universalité de la nature humaine sera souvent avancée à cet effet. Leur rhétorique de travailleurs s'affiche en contraste flagrant avec le multiculturalisme prôné par les milieux universitaires et popularisé par les réformes du cursus scolaire »[161]. Et de souhaiter que l'antiracisme « se concentre davantage sur le thème de l'universalité de la nature humaine que sur des arguments intellectualistes portant sur le multiculturalisme et le relativisme culturel, et ce afin de mieux s'accorder avec la vision du monde d'individus ordinaires »[162]. La réserve, le sentiment d'abandon éprouvé par ces derniers n'ont pas été sans conséquences politiques pour le parti démocrate depuis trente ans.

En France, le besoin d'égalité est d'autant plus fort que son principe est inscrit au cœur des valeurs républicaines, depuis la Révolution. Il n'est pas exempt d'hypocrisie et son formalisme camoufle de profondes injustices concrètes ou – nous l'avons vu dans les chapitres précédents – un ethnocentrisme rétif à la diversité. Mais sa légitimité recèle un fort potentiel contre les discriminations et de puissantes ressources pour l'action.

Compter par race, ethnie, religion ou minorité est contraire à nos traditions. Cela rappelle en outre les périodes les plus sombres de notre histoire, celles de l'esclavage, de la colonisation ou du

---

160. Michèle Lamont, *la Dignité des travailleurs*, Paris, Presses de Sciences-Po, 2002.
161. *Ibid.*, p.131.
162. *Ibid.*, p.102.

régime de Vichy[163]. Si l'on veut en faire la condition *sine qua non* de la lutte contre les discriminations dans l'ensemble de la société, cela suscitera une telle résistance qu'on risque de reporter *sine die* tout changement[164]. Or il est urgent d'agir.

La soudaine conversion de chefs d'entreprises, dont les sociétés sont parfois coupables de discrimination directe ou indirecte, à la comptabilisation des minorités ou des origines est d'ailleurs peut-être une façon de contourner l'objectif affiché de lutte contre les discriminations[165]. Dans un récent rapport au Premier ministre, Claude Bébéar propose que chaque salarié réponde oui ou non à la question « Estimez-vous faire partie d'une minorité visible ? » ; les intéressés sont invités à préciser leur zone géographique d'origine (Afrique sub-saharienne, Caraïbes, Maghreb, Proche et Moyen Orient, etc.). On peut trouver curieux qu'il ne les interroge ni sur leur lieu de naissance ni sur leur domicile. N'est-ce pas pour permettre aux entreprises de recruter dans l'élite des pays arabes ou de l'Afrique – comme le font aujourd'hui certaines entreprises ou uni-

---

163. Les mêmes classifications utilisées pour connaître, voire pour compenser des inégalités peuvent être utilisées à d'autres périodes de l'histoire pour discriminer, voire persécuter : on l'a vu aux États-Unis pendant les périodes de restriction de l'immigration ou plus récemment après les attentats du 11 septembre 2001, ou aux Pays-Bas. Voir P. Weil, "Races at the Gate », article cité, p. 625-648. Lynette Clemetson, "Homeland Security given Data on Arab-Americans", *New York Times*, 30 juillet 2004.

164. C'est le risque que je vois aux propositions faites par Patrick Simon (« Étude comparative de la collecte de données visant à mesurer l'étendue et l'impact de la discrimination aux États-Unis, Canada, Australie, Royaume-Uni et Pays-Bas », rapport remis à la Commission européenne, DG Emploi & affaires sociales, août 2004) de mettre en place une évaluation de la discrimination indirecte par la généralisation de recueil de données relatives à l'appartenance auto-déclarée à des minorités visibles.

165. Voir Yazid Sabeg, Laurence Méhaignerie, *les Oubliés de l'égalité des chances*, Institut Montaigne, janvier 2004. Claude Bébéar, *Des entreprises aux couleurs de la France. Minorités visibles : Relever le défi de l'accès à l'emploi et de l'intégration dans l'entreprise*, novembre 2004. Le rapport de Claude Bébéar a été préparé par Laurent Blivet, *Ni quotas, ni indifférence. L'entreprise et l'égalité des chances*, Institut Montaigne, octobre 2004.

versités américaines –, c'est-à-dire dans ces élites «visibles» dont la mondialisation incite de toute façon au recrutement, plutôt que parmi les jeunes des Minguettes, de Créteil ou des quartiers nord de Marseille?

De même, introduire de la diversité dans les grandes écoles, c'est bien. Mais si l'on se contente de n'introduire qu'un zeste de diversité, ciblée sur quelques établissements, tout en continuant à tenir *de facto* une grande majorité des élèves à l'écart de toute possibilité d'y accéder, alors on risque de créer de la discrimination dans la discrimination.

C'est pourtant ainsi qu'il faut analyser les expériences menées par l'Institut d'études politiques de Paris ou certaines grandes écoles: à l'ESSEC, une procédure soutenue par le gouvernement prévoit de venir en aide à 6 lycées des environs de Cergy (siège de l'ESSEC) afin de préparer plus de 74 lycéens à entrer en classes préparatoires, et éventuellement de leur permettre d'intégrer cette école. Le gouvernement, séduit par cette initiative, vient de signer le 14 janvier 2005 une charte avec la conférence des grandes écoles pour encourager l'ensemble de ces établissements à faire de même. Mais que dit-on aux élèves des lycées qui ne sont pas dans l'environnement direct d'une grande école? Que rien n'est prévu pour eux?

À l'Institut d'études politiques de Paris, après qu'une étude eut montré que les enfants d'ouvriers et d'employés représentaient 5,5% des candidats, contre 24,4% des admis en classes préparatoires et 29% des inscrits à l'université, une procédure spéciale a été créée afin de permettre à des élèves issus de lycées situés en ZEP, ayant signé une convention avec Sciences-Po Paris, d'y accéder par une voie spécifique[166]. Des chiffres sont annoncés: à la rentrée 2004,

---

166. 2,5% des admis. Voir Madani Cheurfa et Vincent Tiberj, «Le concours d'entrée à Sciences-Po: inégalités d'accès et inégalités sociales», cité par D. Sabbagh, «Affirmative Action at Sciences-Po», *French Politics Culture & Society*, 20(3), Fall 2002, p. 52-64. Pour une autre présentation de l'initiative de l'IEP de Paris, voir Eric Keslassy, *De la discrimination positive*, Rosny-sous-Bois, Éditions Bréal, 2004.

23 lycées avaient signé des conventions dans les académies de Créteil, Versailles, Nancy-Metz, Lyon, Montpellier. Depuis 2001, 132 élèves ont été recrutés, dont 45 élèves en 2004[167]. Mais, là encore, que dit-on aux dizaines de milliers d'élèves de toutes les ZEP exclues *de facto* de cette procédure ? Sans parler des autres, dissuadés de se présenter à un examen d'entrée dont on a maintenu les épreuves les plus sélectives socialement – culture générale, langue vivante maîtrisée à un niveau très élevé... –, afin de garantir l'homogénéité sociale de la grande majorité des recrutés. On donne alors le sentiment qu'il ne s'agit là, pour une élite parisienne, que de garantir plus sûrement sa reproduction sociale et familiale, tout en se donnant bonne conscience.

Car le problème français est plus large : la ségrégation urbaine et la difficulté de plus en plus grande qu'a l'école à jouer son rôle de promotion sociale touchent, au-delà des immigrés et de leurs enfants, des millions de familles d'ouvriers ou d'employés. Le sentiment de relégation ne concerne pas que les habitants des ZEP. Il n'est pas ressenti seulement en banlieue, mais aussi en province et outre-mer. Ce sentiment d'une coupure de plus en plus grande entre l'élite parisienne et le reste du pays s'aggrave, et il est fondé sur des réalités objectives. On ne sait plus en Savoie, dans le Puy-de-Dôme, dans le Calvados ou dans les Pyrénées-Orientales, comment s'y prendre pour « monter à Paris ». Dans son dernier ouvrage, Alain Tarrius, professeur de sociologie à l'université de Toulouse, écrit justement :

---

167. Luc Bronner, « Après Paris, l'Institut d'études politiques de Lille adopte les conventions ZEP », *Le Monde*, 17 janvier 2005. Si l'on se réfère à la première année, ces élèves représentent 10 % de l'effectif (425 admis dont 150 par l'examen d'entrée, 110 par la mention TB, 120 par la procédure internationale). Mais en deuxième année (950 élèves en 2004-2005), ils ne représentent plus que 4 % et en quatrième année environ 3 % (1 300 étudiants inscrits). Pour les 37 élèves admis à la rentrée 2003 (en provenance de 18 lycées), de procédure ZEP, 2/3 des admis ont au moins un parent né hors de France, 55 % les deux.

Dans le Roussillon, jusqu'à une période récente, dont se souviennent les personnes de plus de 40 ans, l'espoir d'un avenir meilleur ou d'une entrée dans la vie active s'accompagnait en effet d'un mouvement, depuis les villages et les périphéries, vers les grandes villes comme Toulouse, Montpellier, Lyon et, bien sûr, Paris. [...] En somme, le maillage institutionnel de l'État français fonctionnait alors efficacement dans sa dimension intégrative. Cette situation est aujourd'hui révolue pour la majeure partie des populations rencontrées. Capitale sans rivale, Perpignan, en effet, fait figure de seul et unique recours, en particulier pour les jeunes de milieux modestes issus de vieilles familles de la région[168].

Le diagnostic peut être affiné selon les établissements : entre 1950 et 1990, les inégalités sociales ont été légèrement réduites pour ce qui est de l'entrée à l'École polytechnique ; elles ont plutôt augmenté en ce qui concerne le recrutement de l'École normale supérieure et l'ENA[169]. Mais une chose est claire : les modes de sélection des grandes écoles aujourd'hui sont tels que les enfants des classes moyennes et populaires en sont exclus, et, de fait, de plus en plus exclus.

Lorsqu'il s'agit d'accéder à un emploi, le problème est, cette fois-ci, plus restreint : c'est la discrimination ethnique qui est clairement en cause, c'est-à-dire le racisme direct (le refus d'embaucher un candidat diplômé à cause de la couleur de sa peau, de son patronyme) ou le racisme indirect produit par le recours exclusif aux mêmes réseaux d'écoles ou de familles pour recruter stagiaires et employés. Mais, contrairement aux États-Unis, cette discrimination ne concerne pas toutes les professions ; elle est particulièrement grave pour ce qui est des cadres supérieurs du privé. Seuls 11 % des jeunes d'origine algérienne âgés de 25 à 33 ans, diplômés de l'enseignement supérieur, étaient cadres en 1990 contre 46 %

---

168. Alain Tarrius, *la Mondialisation par le bas,* Paris, Balland, 2002, p.101.
169. Michel Euriat, Claude Thélot, « Le recrutement de l'élite scolaire en France. Évolution des inégalités de 1950 à 1990 », *Revue française de sociologie,* XXXVI, 1995, p. 403-438.

des Français de naissance[170]. En revanche, lorsqu'il s'agit d'exercer une profession indépendante (commerçants, artisans ou chefs d'entreprises), les jeunes d'origine algérienne réussissent aussi bien que les jeunes d'origine française[171]. En outre, lorsqu'il s'agit de travailler dans la fonction publique, Gwénaële Calvès vient de le démontrer dans une récente étude, la réussite des enfants d'immigrés est tout à fait comparable à celle des enfants de deux parents nés en France[172].

De même, les enfants de l'immigration réussissent bien en droit, en médecine ou dans les professions paramédicales : pharmacie, dentaire. Mais ces disciplines se caractérisent aussi par l'auto-recrutement : une fois diplômé, on peut fonder son propre cabinet d'avocat, de médecin ou de dentiste et le développer ensuite en fonction de ses talents. En outre, dans ces disciplines, les grandes écoles n'existent pas, le monopole de la formation est assuré par l'université, ouverte à tous les bacheliers.

C'est donc l'addition de la sélection sociale à l'entrée des grandes écoles et de certains établissements (Instituts d'études politiques ou « Dauphine »), et du mode de recrutement des cadres du privé qui provoque le plus haut degré de discriminations. Pour y remédier, il faut assurer à tous une plus grande égalité des chances dans le système scolaire et lutter contre les discriminations ethniques et raciales là où elles se produisent, principalement dans l'entreprise privée.

À l'école, la politique des ZEP qui accorde plus de moyens aux collèges et lycées dans les quartiers où les parents ont le moins

---

170. J.-L. Richard, *op. cit.*, p. 184-185

171. Emmanuelle Santelli, *la Mobilité sociale dans l'immigration : itinéraires de réussite des enfants d'origine algérienne*, Toulouse, Presses universitaires du Mirail, 2001, p. 204-205.

172. G. Calvès, *Renouvellement démographique de la fonction publique de l'État : vers une intégration prioritaire des Français issus de l'immigration ?*, Paris, La Documentation française, 2005.

de ressources doit être poursuivie et renforcée. Thomas Piketty montre que la réduction de la taille des classes peut avoir un impact direct sur la réussite scolaire dans ces quartiers[173]. Mais une fois le bac acquis, il faut assurer une meilleure égalité des chances pour l'accès aux grandes écoles et à ces établissements qui sélectionnent à l'entrée en première année, sur tout le territoire, dans les ZEP, en province et outre-mer. Pour cela, je propose que l'on s'inspire des politiques pratiquées en Californie, en Floride et surtout au Texas. Dans ces trois États américains, parmi les plus peuplés des États-Unis (respectivement 38, 17 et 22 millions d'habitants), un pourcentage des meilleurs élèves de chaque lycée de l'État est admis en première année dans les universités de l'État qui sont – du moins pour le Texas et la Californie – parmi les meilleures universités des États-Unis. Les pourcentages sont de 4 % en Californie, 20 % en Floride, 10 % au Texas, reflétant des procédures et des contextes différents.

Dans l'université de Californie, le pourcentage de 4 % d'entrées automatique des meilleurs de chaque lycée ne pourvoit qu'environ 10 % des 28 000 places en première année[174]. La part des minorités a cependant été maintenue au niveau où elle était la dernière année de l'*affirmative action*[175] (19,1 % en 2002 contre 18,8 % en 1997) par une politique active de recherche de candidats appartenant à ces minorités. Mais la répartition n'est plus la même entre les campus les moins valorisés et les meilleurs – Los Angeles et Berkeley – où la présence des étudiants noirs à la Law School, par exemple, a baissé significativement[176]. Le plus grand problème pour l'extension du système du « pourcentage » – selon Ward Connerly, son concepteur[177] – est la forte inégalité de moyens et des élèves entre les lycées.

---

173. http://pythie.cepremap.ens.fr/~piketty/Papers/Piketty2004b.pdf
174. Pour 68 000 candidats. Voir P. Schuck, *op. cit.*, p.180.
175. Interview de Ward Connerly, le 7 février 2005. Voir également W. Connerly, *Creating Equal. My Fight against Race Preference*, San Francisco, Encounters Books, 2000.
176. P. Schuck, *op. cit.*, p.184-185.
177. Interview du 7 février 2005.

En Floride, les 20 % des meilleurs élèves de chaque lycée entrent à l'université d'État. Le nombre de Noirs admis dans les meilleurs campus a augmenté, la proportion d'étudiants appartenant à des minorités atteint 40 %[178]. Quant au Texas, une politique initiée par les élus noirs et hispaniques au Parlement de l'État en réaction au risque d'annulation définitive des programmes d'*affirmative action* permet à 10 % des élèves de tous les lycées de l'État d'accéder aux universités publiques de leur choix[179]. En cinq ans, les « 10 Percenters » sont passés de 40 % à 70 % des élèves de première année. En 2004, la promotion de première année de l'université du Texas a été la plus diverse de toute son histoire, les Blancs tombant pour la première fois en dessous de 60 %[180]. Une discussion a cependant lieu sur l'effet d'éviction vers des universités prestigieuses d'autres États, qu'aurait pu avoir ce système sur des étudiants des meilleurs établissements du Texas. Ils n'avaient pas terminé dans les 10 % les meilleurs de leur lycée tout en étant de très haut niveau, de meilleur niveau en tout cas que beaucoup de « 10 Percenters » d'autres lycées moins performants[181]. En fait, une récente étude montre que 75 % des élèves ayant terminé dans les 10 à 20 % des meilleurs de leur lycée sont entrés à l'université du Texas ou à l'université Texas A & M si tel était leur premier choix[182].

---

178. Rick Bragg, « Minority Enrollment Rises in Florida College System », *New York Times*, 30 août 2000.

179. L'adoption de cette procédure intervint en réaction à la décision de la Cour fédérale d'appel, *Hopwood v. Texas*, qui avait en mars 1996 déclaré non conforme à la Constitution le programme d'*affirmative action* de la *Law School* de l'université du Texas. Sans attendre le résultat de l'appel devant la Cour Suprême, l'État du Texas mit donc en place ce nouveau mécanisme.

180. « 10 Percent Rule ; Unintended Consequences in Seeking Diversity », *The Houston Chronicle*, 30 mai 2004.

181. Clarence Page, « What Do You Do When a Diversity Plan Works Too Well ? », *The Baltimore Sun,* 17 Juin 2004, p. 19A.

182. Todd Ackerman, « Study : Top 10 Law Not Curbing College Choices », *Houston Chronicle*, 20 janvier 2004.

Un tel système pourrait s'appliquer en France : les meilleurs élèves de chaque lycée de France auraient un droit d'accès aux classes préparatoires aux grandes écoles et aux premières années des établissements qui sélectionnent à l'entrée. En 2003-2004, 35 065 élèves étaient inscrits en première année de classes préparatoires, soit 8,9 % des bacheliers, inégalement répartis entre les lycées (entre 0 et 80 %)[183]. À ceux-là, il faut ajouter environ 5 000 places pour les premières années des IEP de province et de Paris, cela fait 40 000 places à répartir, soit environ 10 % des bacheliers. Le pourcentage le plus propre à obtenir l'effet désiré devrait se situer au-delà de 5 %, à environ 7 % : il faut tenir compte de ce que certains bacheliers ne voudront pas bénéficier du droit qui leur est offert (s'ils veulent poursuivre des études de Droit ou de Médecine, par exemple) et atteindre un pourcentage (60 à 70 % des places[184]) qui laisse une marge de recrutement par d'autres voies (examen, sélection sur dossiers individuels) aux directions d'établissements. Ce mécanisme a l'avantage d'être universel, de s'adresser à tous les lycéens de France, quel que soit leur lieu de résidence, Pointe-à-Pitre, Limoges, Aubervilliers ou Mulhouse. Il donnerait la possibilité aux équipes pédagogiques de chaque lycée de créer en leur sein une dynamique positive, généralisant ainsi le phénomène que l'on a observé dans les lycées bénéficiant des accords avec les IEP de Paris et d'Aix, ou avec l'ESSEC. Il nécessiterait le développement et donc le financement de bourses pour les étudiants les plus modestes. Il impliquerait une réforme des procédures de recrutement dans les classes préparatoires. Mais il serait plus facile à mettre en œuvre que dans n'importe quel État américain, étant donné le cadre commun – formation et carrière des enseignants, programmes – qui existe entre les établis-

---

183. Voir note d'information, 04-16, ministère de l'Éducation nationale, « Les étudiants en classes préparatoires aux grandes écoles », Année 2003-2004.
184. Un plafond de 60 % est en discussion actuellement au parlement du Texas. Voir *The Daily Texan*, 15 février 2005.

sements français à la différence du système américain[185]. Enfin, il contribuerait à casser le processus de ségrégation urbaine qui voit les familles les plus dotées se concentrer près des lycées les plus cotés pour former ce qu'Eric Maurin appelle des « ghettos chics »[186].

Une révision des concours est aussi nécessaire afin d'éliminer les épreuves sans programme (culture générale) ou celles dont le coefficient excessif est trop discriminant socialement (par exemple, les langues vivantes). Enfin, tant que les grandes écoles ne seront pas démocratisées, il faut veiller au maintien des frontières disciplinaires avec les universités : les tentatives des écoles de commerce ou des IEP de prendre pied en Droit (pour délivrer, par exemple, des mastères) ne peuvent avoir, en l'état actuel de leur recrutement, que des conséquences négatives pour la lutte contre les discriminations.

Il faut parallèlement investir massivement dans les universités qui – rappelons-le — accueillent, sans restriction, la majorité des bacheliers et leur fournissent une formation trop souvent dénigrée. Entre 1981 et 2002, le nombre de bacheliers a, par classe d'âge, plus que doublé, passant de 25 % à 61,8 % (87 % des enfants de cadres supérieurs contre 75 % en 1981, et 45 % des enfants d'ouvriers non qualifiés contre 20 % en 1981)[187].

La France est dans le peloton de queue des pays industrialisés en matière d'enseignement supérieur, parent pauvre de l'Éducation nationale. Elle dépense 36 % de plus pour un élève du secondaire, mais 11 % de moins dans le supérieur que les autres pays de l'OCDE. La dépense moyenne par étudiant des universités est de 6 589 euros par an en 2001 contre 7 879 pour un élève du second

---

185. Même s'il y a des différences de niveaux entre les élèves selon l'établissement.

186. É. Maurin, *le Ghetto français, op. cit.*, p. 13-14.

187. Rapport du Haut conseil de l'évaluation de l'école, ministère de l'Éducation nationale, décembre 2003.

degré[188]. Les dépenses d'enseignement supérieur (grandes écoles comprises) ne représentent en France que 1,1 % du PIB contre 2,3 % aux États-Unis[189].

Une partie de ces moyens reconstitués doivent être utilisés pour aider les étudiants les plus modestes (bourses, mais aussi soutien) dans leur parcours. Pour ce qui est de la formation des enseignants, pendant plus de vingt ans, jusqu'à la fin des années 1970, a existé un système de pré-recrutement à la fin de la première année d'université : les IPES (instituts préparatoires à l'enseignement secondaire). Il s'agissait d'un concours par lequel les candidats reçus, percevaient un salaire pour effectuer leurs études, tout en s'engageant à enseigner dix ans dans un établissement public (le temps des études était décompté de ces dix ans). Plus de 10 000 places étaient mises au concours chaque année, souvent attribuées à des étudiants d'origine modeste qui, seuls, acceptaient cet engagement décennal[190]. C'était une façon de préparer les recrutements futurs, et d'attirer des jeunes souvent parmi les plus modestes, vers des carrières où – par exemple en sciences – l'offre est presque supérieure à la demande.

Le même type de démarche doit favoriser un accès plus égal aux emplois publics : là aussi il faudra procéder à une révision générale des épreuves des concours, afin d'en éliminer les plus discri-

188. En 2002, la dépense par étudiant à l'université est de 6 840 euros, 9 100 euros pour un élève d'IUT, 11 910 pour un élève d'école d'ingénieur. Voir *Repères, références statistiques sur les enseignements, la formation et la recherche*, 2004, p. 281.
189. Ces informations sont issues de Philippe Aghien et Élie Cohen (avec la collaboration de Éric Dubois et Jérôme Vandenbussche), *Éducation et Croissance*, Rapport du Conseil d'analyse économique, Paris, La Documentation française, 2004, p. 33.
190. Lorsque, en 1990-1991, ont été créés les instituts universitaires de formation des maîtres (IUFM), regroupant la formation à l'enseignement primaire et secondaire, environ 11 500 personnes étaient payées pour devenir enseignants, dont un peu moins de 6 000 places pour de nouveaux étudiants chaque année. Les allocations furent toutes supprimées dans les années 1994-1995. Voir Pierre Arnoux, Claudine Robert et Jacques Treiner, « Vers la pénurie d'enseignants de sciences », *Le Monde*, 6 février 2003.

minantes socialement. En outre, l'État devrait assurer la gratuité des oraux d'admission lors des concours nationaux d'entrée dans l'administration. Comment peut-on tolérer que l'avantage de concourir près de chez soi soit augmenté par les coûts de voyage et de séjour que doivent supporter les candidats qui n'ont pas la chance de résider près du lieu de déroulement des épreuves, qui doivent venir par exemple de Saint-Denis de la Réunion, de Nice ou de Brest pour passer un oral à Paris ?

Pour l'entreprise privée, c'est la lutte contre les discriminations directes et indirectes qui doit être privilégiée. La discrimination indirecte, c'est celle que produisent des dispositions, des pratiques apparemment neutres, par exemple le recours systématique aux mêmes réseaux de recrutements ou aux mêmes écoles. Les entreprises devraient être incitées à réévaluer leurs procédures de recrutement et de stages. Elles devraient signer des conventions avec des universités, des IUT et des lycées. Les stages gratuits devraient être bannis : aux États-Unis comme en France, faire un stage devient un élément très important dans le cursus professionnel. Ne pas avoir fait un ou plusieurs stages est un handicap pour un recrutement futur. Un stage est aussi le moyen pour l'entreprise de tester un futur recruté. Aux États-Unis, les stages gratuits représentent 50 % des stages offerts dans les métiers les plus compétitifs, les plus valorisés médiatiquement (la politique, la haute administration, le cinéma ou la télévision).
Cela vous ramène en arrière quand vous avez besoin de connections. Cela rend doublement difficile la mobilité sociale et l'égalité des chances, à cause des connections que cela exige très tôt, des sacrifices financiers que cela implique et aussi de l'entregent et du savoir-faire qu'il faut avoir pour les obtenir[191].

---

191. Dalton Conley, professeur de sociologie à New York University *in* Jennifer8 Lee, « Crucial Unpaid Internships Increasingly Separate the Haves From the Have-Nots », *New York Times,* 10 août 2004.

Seuls peuvent se payer un stage gratuit, dans des milieux professionnels qui souvent ne recrutent que par ce biais, les jeunes appartenant à des milieux aisés[192].

Enfin, l'anonymisation des CV (pour les embauches comme pour les stages) dans les entreprises devrait être expérimentée dans certaines entreprises, au-delà d'un certain seuil (50 ou 100 salariés). Cette anonymisation pourra être effectuée au moment de la réception du CV par un responsable du service des ressources humaines avant que les CV ne soient distribués aux services recruteurs. Bien sûr, elle ne garantira pas contre les discriminations. Mais, dans un entretien, ou parfois après plusieurs entretiens, des préjugés peuvent tomber. Et il est plus facile, pour un recruteur, de jeter un bout de papier à la poubelle que de mettre un individu à la porte, puis un autre et encore un autre. Mais un jour, en agissant de la sorte, il risque d'attirer l'attention de l'inspection du travail et de poursuites judiciaires.

Ces quelques règles et d'autres pourraient faire partie des « bonnes pratiques » que la nouvelle Haute autorité de lutte contre les discriminations, qui a vu enfin le jour en janvier 2005, aura pour mission de suggérer.

Les juges pourraient les considérer comme des indicateurs lorsqu'ils auront à appliquer, au cas par cas, la loi du 16 novembre 2001 qui inscrit pour la première fois dans le Code du travail l'interdiction de toute discrimination indirecte. Pour aider la Haute autorité, les juges et les inspecteurs du travail, les outils statistiques existent déjà : dans le recensement français, la distinction est faite depuis 1871 entre le Français de naissance, l'étranger et le Français par acquisition qui, depuis 1962, doit répondre à la question de sa nationalité d'origine. Comme le montre François Héran, la statistique publique permet avec ces questions et des variables complé-

---

192. Voir « Internships : Workfare for the privileged », Editorial du *San Francisco Examiner*, 20 février 1998.

mentaires agréées par la CNIL – année d'entrée en France pour les premières générations, lieu de naissance, domicile, pays de naissance des parents pour les enfants d'immigrés, langues paternelle et maternelle – de conduire des enquêtes sur la mobilité sociale ou résidentielle, les parcours scolaires ou éducatifs, la construction des identités et sur le personnel des entreprises. C'est avec les mêmes outils que les Pays-Bas ont pu mener leurs enquêtes sur les discriminations et que demain la France pourra le faire [193].

Ces outils statistiques sont d'ailleurs plus adaptés au problème que l'on cherche à résoudre que ceux que pourraient fournir la race ou les classements phénotypiques : l'expérience américaine montre que sous contrainte de diversité, les entreprises ou les universités préfèrent aller chercher des recrutements noirs à l'étranger que dans les ghettos américains : c'est le cas par exemple de Harvard pour le recrutement de ses étudiants noirs [194]. Ces outils devront être développés et fourniront autant d'indices pour juger de la bonne ou de la mauvaise foi des entreprises. S'ils sont utilisés avec énergie et volontarisme par la nouvelle Haute Autorité, alors nul doute que, comme aux États-Unis, les grandes entreprises n'attendront pas les décisions de justice et la mauvaise publicité qu'elles entraînent pour mettre en place des dispositifs volontaires [195].

Toutes ces propositions sont discutables. Si elles étaient adoptées, leur impact devrait être évalué régulièrement : l'expérience américaine montre qu'au fil du temps les outils choisis pour répondre à un problème ne sont parfois plus adaptés quelques

---

193. Voir François Héran, « France-États-Unis : deux visions de la statistique des origines et des minorités ethniques », *Santé, société et solidarité, Revue de l'Observatoire franco-québécois de la santé et de la solidarité*, 2005, n° 1.

194. Selon Lanier Guinier et Henry Louis Gates Jr, entre la moitié et les deux tiers des 8 % des étudiants noirs d'Harvard sont originaires des Caraïbes ou d'Afrique et ne sont donc pas descendants d'esclaves. Sara Rimer and Karen W. Arenson, « Top Colleges Take More Blacks, but Which Ones ? », *New York Times*, 24 juin 2004.

195. A. Hacker, *op. cit.,* p. 141.

années plus tard. Mais aujourd'hui, s'attaquer ainsi sans délai aux discriminations sociales et territoriales dans le système scolaire, et aux discriminations ethniques dans l'emploi privé, c'est remettre l'égalité au cœur de l'action publique. C'est le faire, comme nous le conseillent les chercheurs [196], en respectant une culture politique attachée au principe d'égalité mais aussi au refus des privilèges et de la discrimination. Ne plus se contenter d'invoquer les principes ou de prendre des mesures symboliques, mais faire de l'égalité une politique, voilà, me semble-t-il, quelle pourrait être la voie française d'*affirmative action*.

196. Erik Bleich parle (*op.cit.*, p. 26-33) de cadre, Adrian Favell de structure de politique publique qui impose un langage, une épistémologie, un schème théorique au traitement et aux débats de politiques publiques, in *Philosophies of Integration. Immigration and the Idea of Citizenship in France and Britain*, Houndmills, MacMillan Press, 1998, p. 27.

# Conclusion

D'ici 25 ans, l'*affirmative action* devrait être supprimée aux États-Unis. Tel est en tout cas le souhait exprimé par la juge Sandra O'Connor au nom de la majorité de la Cour Suprême dans une affaire qui mettait en cause la procédure de sélection de la faculté de Droit de l'université du Michigan[197]. Que restera-t-il alors de ces programmes de préférence raciale développés depuis le début des années 1970 ? On le voit déjà dans les États qui les ont supprimés (Californie, Floride, Texas, Washington…) : le respect, on pourrait même dire le goût de la diversité.

La République française peut-elle apprendre à respecter sa diversité sans avoir à en passer par une période transitoire de classifications et de préférences raciales ? Certainement pas si elle tarde à agir contre les discriminations. La frustration accumulée par les traitements directement ou indirectement racistes dans la vie quotidienne, à l'embauche ou dans la recherche d'un logement, pourrait tout à fait conduire à l'explosion. L'enjeu ici n'est pas de rompre avec notre tradition républicaine, d'instaurer de la différence là où est proclamée l'égalité, mais, au contraire, de donner au « principe d'égalité » sa pleine effectivité. Cette exigence ne concerne pas seu-

---

197. Voir *Grutter v. Bollinger et al.*, 23 juin 2003.

lement les immigrés et leurs enfants. Les problèmes qu'ils rencontrent (par exemple, la relégation sociale et territoriale) touchent également de nombreux autres enfants de banlieue, de province et d'outre-mer, et dès lors qu'il s'agit d'égalité des chances, c'est l'ensemble de ces enfants qui doivent être au cœur d'une *politique de l'égalité.* Les discriminations raciales ou ethniques, particulièrement fortes pour l'accès aux emplois supérieurs du secteur privé, ne sont pas non plus réservées aux enfants d'immigrés : elles frappent l'ensemble des Français de couleur, en particulier les Français d'outre-mer.

Cependant, même si les responsables politiques et administratifs se mobilisaient et agissaient de manière déterminée contre la relégation sociale et territoriale à l'école, contre les discriminations raciales dans l'entreprise, cela ne suffirait pas. Ce qui manquerait encore, c'est un meilleur respect de cette diversité culturelle et religieuse qui aujourd'hui est la marque de la société française métropolitaine.

Le problème n'est pas simple. Que doit-on respecter ou reconnaître ? Peter Sahlins le remarquait déjà lorsqu'il étudiait l'identité des habitants de Cerdagne, petite région de Catalogne divisée par le traité des Pyrénées de 1659 entre la France et l'Espagne, les systèmes d'identité et de loyauté ne procèdent pas de cercles s'élargissant au fur et à mesure qu'ils incluraient la famille, le village, la région d'origine – on pourrait aujourd'hui ajouter le groupe religieux – pour finir dans la nation, elle-même incluse dans l'Europe : « Identités et loyautés ne sont pas fixées une fois pour toutes selon un ordre hiérarchique figé, elles évoluent constamment d'un niveau à l'autre » [198]. Michel Wieviorka le remarque encore aujourd'hui. Constatant l'existence d'une société française multi-

---

198. Peter Sahlins, *Frontières et identités nationales : la France et l'Espagne dans les Pyrénées depuis le XVIIᵉ siècle,* Paris, Belin, 1996, p. 129.

culturelle (je dirais plutôt, pour ma part, métissée culturellement, transculturelle[199]), il écrit :

Il semble bien que le multiculturalisme, même tempéré, ne puisse apporter une réponse satisfaisante aux problèmes qu'il vient signifier. Pour qu'il puisse devenir une action concrète, il faut que les groupes qu'il concerne soient nettement identifiés. Or, la différence culturelle est, dans nos sociétés, de l'ordre de la production, elle relève de processus où les identités se décomposent et se recomposent, elle n'est pas nécessairement stabilisée. De plus, l'identification d'un individu à une identité collective ne peut plus, ou de moins en moins, lui être simplement transmise ou imposée, elle doit coïncider avec un choix, s'accommoder d'un principe d'autonomie personnelle : l'individu moderne, même et surtout inscrit dans un particularisme culturel, est un sujet, soucieux de produire lui-même son existence, de maîtriser sa trajectoire[200].

Voilà pourquoi la classification par race ou par religion peut être un enfermement. Voilà pourquoi l'assignation publique à un préjugé d'appartenance religieuse doit être refusée. Jamais aux États-Unis on n'aurait annoncé la nomination d'un ministre ou d'un responsable administratif en soulignant son caractère « noir », « musulman » ou « juif » !

Il est vrai qu'aujourd'hui, en raison du contexte national et international, la religion est devenue un pôle structurant de l'identité. En France comme ailleurs, on peut être vu et perçu comme musulman, alors même que l'on est athée ou agnostique. L'étude de Nancy Venel, qui a interrogé 35 jeunes Français d'origine maghrébine sur leur rapport à la citoyenneté[201], permet d'ailleurs de distinguer quatre types d'attitude : les « Français pratiquants », qui

---

199. Voir Claude Grunitzky (dir.), *Transculturalism. How the World is Coming Together*, True Agency Publication, New York, 2004.

200. Michel Wieviorka, « Le multiculturalisme, solution, ou formulation d'un problème ? », *in* Philippe Dewitte, *Immigration et intégration, l'état des savoirs*, La Découverte, Paris, 1999, p. 418-425.

201. *Musulmans et citoyens*, collection « Partage du Savoir », PUF, 2004.

ont une sorte de dévotion républicaine pour la France et sont détachés de la religion ; les « accommodateurs », qui tentent de concilier religion et citoyenneté (on y retrouve les jeunes filles voilées qui se revendiquent françaises et musulmanes) ; les « contractants », individualistes, qui ne veulent pas se voir réduits à une identité particulière (leur citoyenneté est le fruit d'une adhésion volontaire et non d'un héritage spécifique) ; les « néo-communautaires », enfin, qui représentent la tendance au repli communautaire.

Au cours de leur vie, ces jeunes circuleront peut-être d'une identification à l'autre. Ils souhaiteront aussi ne pas mettre en avant l'identification à une religion, mais plutôt à un métier, à un genre, à une affiliation politique ou syndicale. C'est leur droit. Cela implique le respect d'un droit à l'indifférence par ceux qui, hommes politiques, journalistes, patrons, enseignants, ont le pouvoir de qualifier les autres dans une enceinte publique. En refusant de nommer et d'assigner autrement que par la nationalité, la République respecte le caractère privé du droit de circuler entre différentes appartenances et identifications.

Dans le même temps, elle manifeste déjà un certain respect de la diversité culturelle. La double nationalité est acceptée [202]. Depuis 1981, le droit d'association est libre pour les étrangers. Quand il nécessite une organisation, par exemple pour l'attribution de fréquences radio, la diversité culturelle est assurée.

Ce qui manque encore, c'est une meilleure prise en compte de cette diversité dans l'histoire et dans le récit national. Une nation, c'est aussi une narration, en permanence sur l'établi, qui permette à des citoyens aux passés différents de se retrouver en elle.

---

202. Confronté en 1922, à la situation juridique d'Allemands installés en Alsace-Lorraine et désireux de devenir français tout en conservant leur nationalité d'origine, le Parlement français accepta le principe de la double nationalité : « On doit admettre, jusqu'à preuve contraire, qu'une personne ayant acquis la nationalité française *n'est point suspecte et dangereuse par le seul fait qu'elle conserve des intérêts moraux et pécuniaires dans le pays qu'elle a quitté* » (M. Eccard, rapporteur du projet de loi, Doc. parl. Sénat, 7 décembre 1922, n° 734 ; nous soulignons).

Pendant de nombreuses années, on a enseigné dans les écoles de métropole « nos ancêtres les Gaulois » sans se rendre compte que cette filiation mythique excluait de nombreux enfants qui avaient des ancêtres polonais, italiens, africains ou maghrébins. On a donc rangé « nos ancêtres les Gaulois » au magasin des vieilleries. Pourtant, il suffirait d'intercaler, entre « nos ancêtres » et « les Gaulois », « sur cette terre », pour inclure dans cette représentation mythique, mais structurante de notre passé, tous les jeunes de France. Ce glissement de sens, provoqué par l'ajout de quelques mots, laisserait percevoir que c'est dorénavant la vie en commun sur le sol de France et non l'origine qui est le terreau de la communauté des citoyens.

L'immigration, la colonisation, l'esclavage ne s'opposent pas à l'histoire de France, elles en sont partie intégrante. Or, elles ont été traitées comme s'il revenait encore à Ernest Renan de définir les programmes scolaires de la fin du XX$^e$ siècle.

L'oubli, et je dirai même l'erreur historique, disait-il dans sa conférence de 1882, sont un facteur essentiel de la création d'une nation, et c'est ainsi que le progrès des études historiques est souvent pour la nationalité un danger. L'investigation historique, en effet, remet en lumière les faits de violence qui se sont passés à l'origine de toutes les formations politiques, même de celles dont les conséquences ont été le plus bienfaisantes [203].

Ce n'est que très récemment que l'histoire de l'immigration est entrée dans les programmes scolaires. L'histoire des colonisations est souvent éludée. Quant à l'esclavage, on n'en enseigne que l'abolition. La conséquence de cet oubli, de ce blanc officiel, ce n'est pas le silence, mais bien souvent une réaction de mémoire : au déni, répondent des représentations sous-documentées, source de liaison mais aussi de confusion entre le passé de colonisé et le présent de

---

203. E. Renan, « Qu'est-ce qu'une nation ? », in *Qu'est-ce qu'une nation ? et autres essais politiques* (textes choisis et présentés par Joël Roman), Paris, Presses-Pocket, 1992, p. 41.

discriminé. Le trop peu d'histoire est ainsi compensé par un trop-plein de mémoire.

C'est à plus d'histoire qu'appellent ces liaisons confuses. Mais faire l'histoire des zones d'ombre de la République, n'est-ce pas alors, en la ternissant, prendre le risque d'entraver définitivement toute identification ? Je ne le crois pas. Enseigner l'histoire de la colonisation, ou plutôt *des* colonisations et non seulement de la guerre d'Algérie (tant les expériences durables de domination ont marqué et ancré dans les habitus des pratiques et des représentations, des décalages entre les discours juridiques et les comportements, qui faute d'être décrits et analysés s'enchâssent dans les vécus contemporains et les brouillent), ce serait rétablir ou rendre possible à nouveau les identifications [204]. Antoine Raybaud montre bien que, du temps de la colonisation, un phénomène important – que relève aussi Frédéric Régent pour ce qui est de l'esclavage durant la Révolution française [205] – aura été le *découplage* de la présence coloniale et de l'horizon français :

> dès l'entre-deux-guerres, la métropole, en ce qu'elle diffère de ses pratiques coloniales, aura constitué pour les colonisés *aussi* un exemple de genre de vie, une pratique du savoir, une organisation politique, une capacité de critique sociale – à la limite, l'exemple à brandir contre la scène coloniale [206].

---

204. Voir P. Weil, « Histoire et mémoire des discriminations en matière de nationalité française », *XXᵉ Siècle*, n° 84, oct.-déc. 2004, p. 5-22, et P. Weil et S. Dufoix, *op. cit.*, Introduction.

205. F. Régent, *Esclavage, Métissage, Liberté. op. cit.* Voir également Laurent Dubois, *les Esclaves de la République, l'histoire oubliée de la première émancipation 1789-1794*, Calmann-Lévy, 1998.

206. Cette histoire est difficile à faire, notamment, selon Antoine Raybaud, parce que « quelles qu'aient été les horreurs des phases de conquête et de répression, l'œuvre de déshumanisation constante de l'époque coloniale et les formes de travail forcé, la colonisation est un phénomène plus composite… [Elle] recèle un enchevêtrement de logiques et de pratiques hétérogènes, ainsi que d'échelles de ces pratiques et de ces logiques » (« Deuil sans travail, travail sans deuil : la France a-t-elle une mémoire coloniale ? », *Dédale*, n° 5 & 6, printemps 1997, p. 87-104).

Avant l'enseignement du fait religieux, connaître et enseigner l'histoire de la colonisation et de l'esclavage et, plus généralement, mieux tenir compte des mémoires collectives particulières et différentes de la mémoire métropolitaine officielle, c'est permettre qu'un lien se crée entre de futurs citoyens au passé et à la mémoire différents. Même s'il n'y a pas eu d'esclaves en Savoie et dans les Côtes-d'Armor, pour que les Français puissent se sentir appartenir tous à la même communauté civique, chacun doit pouvoir comprendre et donc apprendre un peu de l'histoire des autres. La perception de l'histoire des autres, leur intégration dans l'histoire nationale, c'est l'exigence ultime et nécessaire de la diversité dans la République.

# Table
# des matières

# La République des Idées

La République des Idées qui co-édite avec les éditions
du Seuil cette collection d'essais, est un atelier intel-
lectuel international. Sa vocation est de produire des
analyses et des idées originales sur les grands enjeux de
notre temps : mutations de la démocratie, transforma-
tions du capitalisme et des inégalités, évolutions des
relations internationales... En relation avec un grand
nombre de revues et de *think tanks* étrangers, la République des Idées est également un pôle d'information
et d'échanges sur la vie intellectuelle à travers le monde,
notamment par le biais de sa revue *la Vie des Idées*.

www.repid.com
idees@repid.com

RÉALISATION : PAO ÉDITIONS DU SEUIL
IMPRESSION : CORLET IMPRIMEUR S.A. CONDÉ-SUR-NOIREAU
DÉPOT LÉGAL : AVRIL 2005. N° 69377-2 (84410)
IMPRIMÉ EN FRANCE